बेबी

बेबी

विजय तेंडुलकर

अनुवाद

वसन्त देव

वाणी प्रकाशन

प्रकाशन के उत्कृष्टतम 62 वर्ष

पेपरबैक पहला संस्करण : 2018
पेपरबैक दूसरा संस्करण : 2025

vaniprakashan.com

वाणी प्रकाशन

4695, 21-ए, दरियागंज, नयी दिल्ली-110 002

फ़ोन : + 91 11 23273167, 23275710

शाखाएँ

अशोक राजपथ, पटना-800 004, बिहार

कॉफ़ी हाउस कैम्पस, महात्मा गांधी मार्ग, प्रयागराज-211 001, उत्तर प्रदेश

महात्मा गांधी अन्तरराष्ट्रीय हिन्दी विश्वविद्यालय, वर्धा-442 001, महाराष्ट्र

sales@vaniprakashan.in
vaniprakashan@gmail.com

Beby
by Vijay Tendulkar
Translated by Vasant Dev

ISBN : 978-93-87409-14-9
Play

मूल्य : ₹ 225

जी.एस. ऑफ़सेट, दिल्ली-110 095 में मुद्रित

वाणी प्रकाशन का लोगो मक़बूल फ़िदा हुसैन की कूची से

पात्र

बेबी	:	एक युवा लड़की
राघव	:	बेबी का भाई
शिवाप्पा	:	गुण्डा
कर्वे	:	असिस्टेंट डायरेक्टर (फ़िल्म)

अंक-एक

दृश्य-एक

[दो कोठरियों वाला मकान। सुबह का समय। बेबी तैयार होकर बाहर जाने की जल्दी में है। वायल की सस्ती-सी रंगीन साड़ी; बालों का आधुनिक हेअर-स्टाइल; कानों में लटकने वाले ईयर-रिंग। आईने के सामने खड़ी बिन्दी लगा रही है।

दरवाज़े पर दस्तक। बेबी दरवाज़ा खोलती है। दहलीज पर एक नीम पागल-सा आदमी दिखाई पड़ता है। कुर्ता-पाजामा पहने हुए। उसके हाथ में पोटलीनुमा थैला है।]

राघव : बेबी!

बेबी : कौन?

राघव : मैं राघव...राघव...मुझे नहीं पहचाना? नहीं पहचाना मुझे?

बेबी : *(तेज़ ी से लपककर)* राघव...!

[जहाँ-की-तहाँ रुककर स्तम्भित-सी हो जाती है।]

राघव : कल पागलखाने से छूटा हूँ। कल...

[बेबी अब भी स्तम्भित है।]

राघव : छूटा, तो सोचा उसी तरफ़ चल दें जिस तरफ़ रास्ता ले जाये। दूर। वो बहन भी क्या बहन, जो डेढ़ साल के दौरान हज़ार बार सन्देसा भिजवाने पर भी मुँह नहीं दिखाती। मगर मन नहीं मानता था। सोचा, एक बार जाकर तुम्हें देख तो लें...

[बेबी जड़ित ही रहती है। राघव थूक निगलता है।

वह भीतर वाली कोठरी में जाती है। उसके पीछे राघव भी जाने लगता है।]

राघव : मिल लें एक बार, फिर आगे की सोचें। मगर हालत यह कि टिकट के वास्ते जेब में पैसा तक नहीं। पैसे ही नहीं...बेबी, मैं जाऊँ? बोलो, ऐसा ही चला जाऊँ? तुम कह दोगी तो चला जाऊँगा। भटकता रहूँगा, साधु-संन्यासियों की तरह। कौन बचा है मेरा, सिवा तुम्हारे! न घर-बार, न गृहस्थी। कुछ और करूँ भी, तो करूँ क्या?

बेबी : भीतर आओ राघव, बैठो!

[राघव भीतर आता है। बैठ जाता है।]

राघव : पहले खाना खिलाओ मुझको, भरपेट। मैं भूखा हूँ, बहुत भूखा हूँ मैं...!

[अब बेबी का ध्यान उसकी बड़बड़ाने और हाथ नचाने की आदत की तरफ़ जाता है।]

राघव : सबसे पहले अपने घर गया था। वहाँ कोई और ही दिखाई पड़ा। किसी ने बताया कि इस तरफ़ रहती हो। आज ढूँढ़ निकाला। मैं भूखा हूँ बेबी, खाना खिलाओ। देखती क्या हो? अयँ? मैं बदल गया हूँ। भुस हो गया मैं! वो पागलखाने में मेरी जगह कोई दूसरा होता तो...तो पूरा पागल हो गया होता। मैं कैसे बच गया, मैं ही जानता हूँ। *(बड़बड़ाता है।)* पहले चाय पिलाओ। जाने कब से नहीं पी! तुम भी बदल गयी हो। कितने लम्बे बाल थे तुम्हारे! पतली-छरहरी ऐसी कि भीड़ में भी तुम्हीं पर निगाह अटक जाये। पागलखाने में था, तो तुम्हें बहुत याद किया करता था। और तुम एक बार भी देखने नहीं आयीं, कि भाई जिन्दा है कि मर गया। फिर भी तुम मेरी बहन हो, इकलौती बहन हो। *(रुककर देखता हुआ)* तुम दुबली दिखती हो, बेबी। यह मकान कब लिया?

बेबी : तुम...तुम्हें कुछ भी पता नहीं, राघव?

राघव : मैं पागलखाने में था; वहाँ तुम्हारी दुनिया का क्या पता चलता? पता ही कैसे चलता? वहाँ का दिन अलग... रातें अलग। *(अनमना-सा उठ खड़ा होता है।)* भयानक

सपना था वो, बहुत भयानक!...खाने को देती हो न? और नहीं, तो चाय ही सही...

[बेबी भीतर वाली कोठरी में जाती है। उसके पीछे राघव भी।]

राघव : पुराना किराये वाला मकान था अपना। था तो अँधेरा, मगर मकान बड़ा था, तुमसे छोड़ देने को कहा?

[बेबी स्टोव पर पतीली चढ़ाती है।]

राघव : वर्ना छोड़ने की ज़रूरत ही क्या थी? हम लोग वहीं खेले, बड़े हुए। कल जाके देखा तो वहाँ तुम थीं ही नहीं। घर भी अपना नहीं। कोई और ही दिखायी पड़ा। ऐसा लगा बेबी वहाँ कि बैठके जी भरकर रो लूँ...बैठके... *(हाथ नचाता हुआ बड़बड़ाता है।)* तुम्हें तो कच्चा चबा गये होंगे चाल वाले। मैं वहाँ फँसा, उस नरकपुरी में। दिन-रात यही तो चुभन थी कि तुम घर पर अकेली हो। कल जब वहाँ गया था, तो ऐसे देख रहे थे जैसे साँप-बिच्छू देख लिया हो। आँखें फाड़-फाड़ कर हँस भी रहे होंगे। फौरन चल दिया वहाँ से। जहाँ कुछ भी अपना न हो वहाँ क्यों रुकें...रुकें ही क्यों...क्यों रुकें...वो बस्ती बुरी नहीं थी। बाद में बिगड़ गयी। यहाँ अपने लिहाज से हलके लोग रहते हैं, एकदम। जगह भी छोटी है।

[बेबी चाय और खाने की चीज़ बनाने में व्यस्त है।]

राघव : क्या करती हो आजकल?

बेबी : कौन? तुम ज़रा स्टोव पर निगाह रखना! मैं सामने वाले भैया के यहाँ से दूध लेके आती हूँ, अँ! *(बर्तन उठाकर जल्दी-जल्दी जाती है।)* बस, अभी आयी...।

[राघव बैठा है। बड़बड़ा रहा है। हाथ नचा रहा है। उठकर बेचैनी से टहलता है।]

राघव : जला के राख कर देना चाहिए पागलखानों को...आज़ाद हो जायेंगे बेचारे...नरक हैं वो तुम लोगों के...अच्छे-भले आदमी को ठूँसते हो? उसको पागल बताते हो? शिवाप्पा से साँठ-गाँठ करके मुझे पागल ठहराते हो? राख कर दूँगा पागलखाने को...खाक में मिला दूँगा तुम सबको... *(सिर*

थामकर बैठ जाता है। नये सिरे से बड़बड़ाना शुरू करता है। हाथ नचाना तेज़ी पर है।) मजिस्ट्रेट भी साजिश में शामिल...डेढ़ साल भुगतकर आया हूँ नरक की यातना। निपट पागलों के बीच जिया हूँ, निपट पागलों के। लार बहाने वाले, पाजामे में हगने-मूतने वाले पागलों के। अब दुबारा नहीं। गन्दगी दुनिया-भर की! आँतें उलट गयीं कै करते-करते! नाक सड़ गयी सड़ाँध से! दिमाग़ सड़ गया ...आग लगा दूँगा, आग...*(आवेश क्षीण पड़ जाने पर अस्पष्ट बड़बड़ाता है। बेबी दूध लेकर लौटती है।)*

राघव : *(आहट पाकर बड़बड़ाना छोड़ अपने को समेटता हुआ)* जल्दी आ गयी!

[वह चाय छानती है।]

राघव : *(पीछे से उसकी गर्दन पर निगाह टिकाकर)* तुमने शादी नहीं की, बेबी?

[बेबी चौंक सी जाती है।]

राघव : क्यों नहीं की तुमने शादी? वो भी एक सहारा हो जाता। मौत से बदतर हो गया है न आजकल औरतज़ात का अकेले रहना! मैं सख़्त खिलाफ़ था तुम्हारे...ये पराये मर्दों के साथ घूमने का; और उसी वजह से बखेड़ा खड़ा कर लिया तुमने! अपने बेदाग हों तो किसकी शामत आयी है जो उँगली उठाये! शिवाप्पा के गैंग की निगाह ऐसे न पड़ती तुम पर...

[बेबी उसके सामने चाय की प्याली रखती है।]

राघव : तुम अब भी शादी कर लो, बेबी। औरत को सलीके से रहना चाहिए। अकेली पड़ गयी थीं, बहुत सहा होगा। माँ की आखिरी घड़ी में कसम खायी थी मैंने कि तुम्हारा ज़िम्मा मुझ पर, और मैं ही पागलखाने जा पहुँचा...

[बेबी रकाबी में चाय उड़ेलकर पकड़ाती है।]

राघव : पीता हूँ...पर अब तुम शादी कर लो बेबी। हमें अपने भानजों को देखने का मौका तो दो। मैं खिलाया करूँगा उनको, जैसे तुम्हें खिलाता था। सच।

[बेबी रकाबी में खाने को देती है।]

राघव : पहले जैसी ताकत होती तो मैं ही रिश्ता पक्का कर देता तुम्हारा। कहाँ काम करती हो?

[वह अनसुना कर देती है।]

राघव : सुना नहीं? काम कहाँ करती हो?

बेबी : स्टूडियो में।

राघव : स्टूडियो? कैसा स्टूडियो? फोटो का?

बेबी : फ़िल्म का।

राघव : फ़िल्म में काम करती हो? कौन-सा काम करती हो?

बेबी : एक्स्ट्रा का।

राघव : तुम फ़िल्म में एक्स्ट्रा का काम करती हो? अगर माँ ज़िन्दा होती तो माथा फोड़ लेती। बेबी, कौन-सा तो हमारा ख़ानदान, और ये हलका काम! छोटी जात वालों का काम! मगर तुम भी क्या करतीं? जो काम मिला, ले लिया होगा। अकेली पड़ गयी थीं न! मैं वहाँ कैद! बराब्बर काँटे की तरह निकाल बाहर किया मुझको शिवाप्पा के गैंग ने। पुलिस वाले उसके दोस्त। मजिस्ट्रेट भी उसी का। मैं अकेले लड़ा था पूरे गैंग से, शिवाप्पा ने उसी का बदला लिया। डेढ़ साल ज़िन्दा मौत जिया मैं। *(सिहर उठता है। मुख कठोर हो आता है।)* वही पहले जैसा होता अगर, तो आज कहता कि साले चीर कर दो कर दूँगा...पर ये डेढ़ साल...इस डेढ़ साल में टूट गया मैं। अब कहता हूँ कि भाई, अब तो हमको इनसान की तरह जीने दो। दुबारा वहाँ नहीं जाना है। बेबी, बचे-खुचे दिन हमको भले-चंगों की दुनिया में बिताने हैं, चुप्पचाप। यही एक इच्छा बाकी है। अब न टण्टा, न बखेड़ा, न बैर, न झगड़ा। घास-मिट्टी के माफिक जिऊँगा मैं..

[बेबी उसे अपने हाथों खिलाती है।]

राघव : अरे, ये क्या? छोटा मैं हूँ, या तुम? मैं खा लूँगा। *(रुककर)* तुम कुछ बोलती ही नहीं! कितने दिनों बाद मिले हैं हम लोग, और तुम चुप्प! मैं ही बड़बड़ा रहा हूँ। माँ के चले जाने के बाद हम लोग एक-दूसरे के आसरे बड़े हुए। तुम्हारे सहारे मैं, मेरे सहारे तुम। और उसके

बाद वो हादसा...वो...मैं रात की पाली में था। इसका फायदा उठाकर शिवाप्पा के गैंग ने घुसकर तुम्हारे साथ धींगामुश्ती की। मैं नहीं था तो साले शेर बन गये। क्या गलती की मैंने, जो जाके उनको मारा? वो छह-छह आदमी थे, मैं अकेला था। मैं शिवाप्पा की लाश बिछा देता उस रोज, पर बच गया वो। बदला लिया उसने मुझको पागलखाने में बन्द कराके। जाँच के बाद डाक्टर ने लिख दिया कि इसका दिमाग़ ख़राब हो गया है। अच्छे-भले आदमी को पागल कहते हो तो उसका दिमाग़ ख़राब नहीं होगा? वो ठण्डे दिमाग़ से सोच पायेगा? *(बेचैनी में खड़ा हो जाता है।)* नहीं, अब नहीं किसी पर हाथ उठाएँगे। पाँव पड़ लेंगे, मगर दुबारा वहाँ बन्द होने नहीं जायेंगे...भगवान बचाये उस नरकपुरी से...! *(पसीना पोंछता है।)*

[बेबी सहारा देकर उसे बिठाती है। खाने का आग्रह करती है।]

राघव : अपना तो पूरा कबाड़ा हो गया। मान लिया कि मुकद्दर ने वो मारी है कि बस! मंजूर है अपने को...बेबी, तुम तो खा ही नहीं रही हो?

बेबी : बाद में खाऊँगी। *(गला सूखा हुआ है।)*

राघव : यहाँ अच्छा है, बेबी...तुमको देखना नसीब हुआ, यही बहुत हुआ, यही बहुत हो लिया! अब किसी से मिलने-मिलाने की तबीयत नहीं करती। मुझे तो उम्मीद ही नहीं रही थी कि तुम मिल भी जाओगी। डेढ़ साल के दौरान ये भी तुमसे नहीं हुआ कि एक बार शकल दिखा जातीं? रहने दो सफाई-अफाई...तुम्हारी इज़्ज़त की ख़ातिर मैं नरक में सड़ रहा था और तुमने मुँह तक नहीं दिखाया? जाने दो! कैसा ही सुलूक करो, हो तो मेरी बहन ही। मेरा रक्खा ही कौन है दूसरा! गोद में खिलाया है तुमको! मुझे तो तुम्हारी सौ-सौ गलतियाँ माफ़ करनी ही पड़ेंगी। मैं तुमसे नाराज़ नहीं हूँ बेबी...यह सब कह रहा हूँ तो अच्छा लग रहा है, बड़ा हलका महसूस होता है। इसीलिए तो

कह रहा हूँ। वहाँ कहता तो सुनता कौन? वहाँ भरे हैं एक-से-एक पगलैंट...और पत्थर की दीवारें! अच्छा-भला कोई सुनता था तो हँसता था कि देखो, पगलैंट बक रहा है। साली खोपड़ी काम न दे...लगता कि हमीं पागल हो रहे हैं...बल्कि हो चुके हैं... *(बेचैन पसीना पोंछ रहा है।)* हाँ-हाँ, खाता हूँ। तुम भी खाओ मेरे साथ... और बेबी, तुम शादी करो, मेरी बात मानो...सौ बात में एक बात अच्छी रही। मेरा तो खैर, जो है सो हई है, तुम अच्छी रहीं। ईश्वर ने बड़ी दया की। माँ को आख़िरी घड़ी में वचन दिया था न मैंने; उसी से बँधा हूँ...

[बेबी अन्यमनस्क, बेचैन नज़र आती है।]

राघव : तुम अच्छी रहीं, मेरे लिए यही बहुत है। मैं सच कहता हूँ ...मुझको यही लग रहा था कि तुमने पेशा चालू कर दिया होगा...बड़ा मुश्किल है आजकल, एक जवान लड़की का अकेले रहके निभा पाना। बहुत हरामी है दुनिया! तुम्हारे जैसी इकली-दुबली लड़की दिख जाये तो झपट्टा मारने को दौड़ेगी। पर तुम बचा ले गयीं।

बेबी : राघव...!

राघव : नहीं-नहीं...सौ बात की बात यह है कि पहले तुम्हारी शादी कराये देता हूँ।

बेबी : खाने को और दूँ, राघव!

राघव : बस्स, पेट भर गया। अब आराम से खाना बना के खिलाना। इतमीनान से चौके में बैठ के खाऊँगा। अच्छे-भलों की तरह। कितना अजीब लग रहा है, तुमको बता नहीं सकता। सच ही नहीं लगता। कभी सोचा ही नहीं था कि छूट के घर जा पाऊँगा। बेबे, अब कुछ रोज़ खूब पाँव पसार के सोऊँगा। तुमसे बातें करूँगा। तुम्हारे हाथ की रोटी खाऊँगा। बस्स, आगे की आगे! पहली बात ये कि इनसानों के बीच आया हूँ तो इनसान की तरह रहना है।

बेबी : राघव...तुम...यहाँ रहोगे?

राघव : क्यों? *(ताव खाकर उठते हुए)* तुम न चाहो तो चला जाता हूँ...

बेबी : नहीं, राघव...वह बात नहीं...

राघव : तो क्यों पूछा? मेरे लिए है कहाँ दूसरा ठिकाना? कौन बचा है मेरे?

बेबी : नाराज़ न होओ, राघव...लेकिन यहाँ रहना तुम्हें अच्छा नहीं लगेगा...

राघव : अच्छा नहीं लगेगा?

बेबी : हाँ, तुम्हारा मन नहीं मानेगा। कैसे कहूँ तुमसे? *(सप्रयास)* राघव, तुम्हें कुछ भी तो नहीं मालूम।

राघव : नहीं मालूम? क्या?

बेबी : मैं...मैं...वैसी नहीं रही।

राघव : फ़िल्म में काम करती हो, यही न?

बेबी : नहीं...सिर्फ़ वही नहीं...

राघव : वही नहीं? तो फिर और क्या?

बेबी : *(पसोपेश होकर)* मैं अकेली नहीं हूँ...

राघव : अकेली नहीं हो? यहाँ तो कोई और नहीं है?

बेबी : है...है, राघव!

राघव : है? तुमने शादी कर ली, बेबी? शादी कर ली?

[वह सिर हिलाकर नकारती है।]

राघव : तो फिर क्या है...? कौन है?

बेबी : *(घबराकर)* तुम...तुम गुस्सा होगे, राघव...!

राघव : कौन है? *(बदन काँपने लगता है)* तुम...तुम ऐसे ही रहती हो किसी के साथ? तुम...तुम्हें रक्खा है किसी ने? बेबी, तुम... *(बुरी तरह काँपता है।)* छी-छी-छी! तुम रखैल हो? रखैल?... *(गहरे विषाद में डूब जाता है। सँभलकर)* कोई उपाय न रहा होगा तुम्हारे लिए...अकेली पड़ गयीं न...और दुनिया बहुत हरामी है। कोई सहारा नहीं देता। और हाथ साफ करने को सब तैयार! इससे अच्छा तो यही था कि शादी कर लेतीं...बुड्ढा तो बुड्ढा ही सही... लूला-लँगड़ा भी चल जाता...रोगी-रूगियल भी बुरा नहीं था...वो आखिर अपना आदमी होता। अच्छी-भली शादी होती, मन्त्र पढ़े जाते। गले में मंगलसूत्र पड़ा होता...किस घराने में जनम पाया बेबी तुमने, और...रखैल? मेरी

इकलौती बहन रखैल! बेबी, आखिर तुम्हारी ही आबरू की ख़ातिर सड़ता रहा न मैं वहाँ नरक में? और तुमने ये काम किया? क्या कहेंगे पिताजी? और माँ? हईं कहाँ बेचारे? जाने कल के छुट्टी पाके चल दिये, छूट गये बेचारे। मैं बचा हूँ। वचन से बँधा था। डेढ़ साल बाद छूट के आया हूँ और ये सुनना पड़ रहा है! तुम...रखैल हो, बेबी? *(काँप रहा है)* खानदान के मुँह पर कालिख पोत दी बेबी तुमने...घराने का नाम डुबो दिया...इससे अच्छा तो तुम मर जातीं। तो इसी वजह से मुँह दिखाने से कतराती रहीं? हिम्मत कहाँ थी कि...?

[बेबी सिसकती है।]

राघव : तुमको भी दोष क्यों दें? दोष तो मेरी तकदीर का है। कितना घमण्ड था मुझे तुम्हारे कारण! सुनना पड़ा यह। दोष तुम्हारा नहीं, बेबी...कोई रास्ता ही न रहा होगा। कच्ची उमर, न दुनिया का तजरबा न कुछ...घबरा गयी तुम, डर गयीं...तुम्हें धोखा दिया गया होगा। धोखा ही न? असल में मुझे मेण्टल में जाना ही नहीं था। दिमाग़ ख़राब नहीं करना था। शिवाप्पा के गैंग से भिड़ना नहीं था। किसी भी हालत में तुम्हें अकेला नहीं छोड़ना था। साला होश ही नहीं रहा उस वक़्त...*(अपने को तड़ातड़ तमाचे मारता है।)* गलती मैंने ही की...मैंने ही की...!

बेबी : राघव...मुझे माफ कर दो, राघव...!

राघव : *(तैश में आकर)* नहीं, मैंने ही गधापन किया... मैंने ही गलती की...!

बेबी : नहीं राघव, गलती तुमने नहीं की...हर आदमी अपनी तकदीर अपने साथ लेके आता है, अपने ही साथ लेके जाता है। ये दुनिया ही ऐसी है कि यहाँ कोई किसी की तकदीर नहीं बदल सकता, राघव! जो मेरी तकदीर में लिखा था, वही हुआ। मैं ही बदनसीब हूँ। मैंने खानदान का नाम डुबोया...तुम मेरी खातिर अपने को दोष मत दो, राघव! अगर होते ही हैं कुछ लोग जनम से बदकिस्मत तो...

राघव : बेबी...!

बेबी : मैंने पढ़ी हैं ऐसे लोगों की कहानियाँ। उनको वही सब मिलता है जो गलत कहलाता है। जहाँ क़दम रखते हैं, बड़ी मुश्किलें घेर लेती हैं। कंकड़-पत्थर और कँटीली झाड़ियाँ...और हर मोड़ पर घात लगाये बैठे ज़हरीले साँप...यही होती है उनकी ज़िन्दगी। आँसू तक सूख जाते हैं उनके, मगर बदनसीबी पीछा नहीं छोड़ती। वही बात कि रोज़ का रोना, कौन ढाढस बँधाये! शिकायत भी करें तो किसके पास जाकर करें?

राघव : बेबी, तुम इस उमर में बूढ़ों की तरह बोलती हो...!

बेबी : जैसे तजरबे से आदमी समझदार बनता है, ऐसे ही अच्छी किताबें पढ़के बनता है। समझदार लोग अनुभव का निचोड़ निकालकर रख देते हैं किताबों में। शुरू-शुरू में मैं चकरा जाती थी। बहुत तकलीफ़ होती थी। एक दिन मेरे साथ स्टूडियो में काम करने वाली लड़की ने एक नावेल दिया मुझे। मैंने पढ़ा तो लगा कि लेखक ने मेरी ही कहानी लिख दी है, मैं ही नावेल की बदनसीब हीरोइन हूँ। उस नावेल ने मुझे बहुत-कुछ सिखाया, राघव! तब से, जब भी उस लेखक का नया नावेल छपता है, मैं बराबर पढ़ती हूँ। उसमें ज़िन्दगी जीने की खूबसूरत नसीहत मिलती है। अच्छे-अच्छे वाक्य होते हैं उसमें। हमारी ज़िन्दगी की उलझन का राज़ सही-सही शब्दों में, खोलकर, बताया जाता है। अब मुझे कोई बात ज़्यादा तकलीफ़ नहीं देती, राघव। मैंने नोटबुक में ऐसे वाक्य लिखे हैं, उन्हें पढ़ती हूँ तो हर उलझन सुलझ जाती है। मुझे ताकत मिलती है। हम कैसी ज़िन्दगी जीते हैं, महत्त्व इसका नहीं है राघव, महत्त्व हमारी आत्मा का, और वह निर्मल होनी चाहिए। क्योंकि हम अपनी आत्मा के सामने ज़िम्मेदार हैं, क्योंकि हमारा आख़िरी फ़ैसला वहीं होने वाला है।

[राघव अवाक्। सिर्फ़ देख रहा है।]

बेबी : राघव, मैं गन्दगी में जी रही हूँ, मगर इस घड़ी तक मैंने

अपनी आत्मा पर मैल नहीं जमने दिया। वह निर्मल है। मैं सिर्फ़ अच्छी बातें ही सोचती हूँ। किसी को दोष नहीं देती। ईश्वर पर श्रद्धा रखती हूँ।

राघव : बेबी...!

बेबी : और मुझे पूरा भरोसा है कि ईश्वर मेरा भला करेगा। क्योंकि मैंने कभी भी, किसी का भी बुरा नहीं सोचा। राघव तुम्हें यहाँ अच्छा नहीं लगेगा, क्योंकि तुमसे अपनी बहन की ज़िन्दगी देखी नहीं जायेगी। और भी एक...एक वजह है, राघव! इसी से मुझे लगता है कि तुम यहाँ मत रहो। और मेरा मन तुम्हें इस हालत में जाने को भी नहीं कह पाता। फिर भी, तुम जाओ, राघव! वही तुम्हारे लिए अच्छा है। मैं मन को मजबूत करके तुमसे कह रही हूँ।

[राघव किंकर्तव्यविमूढ़-सा हो जाता है।]

राघव : चला जाऊँ? ठीक है। जाता हूँ। कहाँ जाऊँ? मेरी हालत देख ही रही हो। लोग मुझे पागल समझते हैं। काम मिलना मुश्किल है। मिल भी जाये तो निभाना मुश्किल। बदन कमज़ोर, जेब खाली। न सिर पर छप्पर, न कोई देखभाल करने वाला। एक तुम्हीं थीं...मैं जाता हूँ... *(झोला उठाकर जाने को होता है। काँप रहा है।)*

[बेबी उसको रोकना चाहती है। दरवाज़े तक पहुँचकर राघव उसे खोलता है। बाहर से एकाएक ज़ोर की रोशनी भीतर आती है। राघव बुरी तरह काँपने लगता है। घबरा उठता है। जैसे लड़खड़ाकर गिर जायेगा। वह धम्म-से बैठ जाता है। हाथ आँखों पर उजाले से बचने के लिए। उसका काँपना नहीं रुकता।]

राघव : नहीं, बेबी! मैं नहीं जाऊँगा। कहीं नहीं जाऊँगा। मैं यहीं रहूँगा। तुम छोड़ दोगी मुझे, तो मेरे लिए कुछ भी नहीं रह जायेगा। मैं बिल्कुल ख़त्म हो चुका हूँ। मुझे दुनिया से डर लगता है, बहुत डर लगता है...बहुत...बहुत डर लगता है।

[बड़बड़ाता रहता है। बेबी स्तम्भित हो जाती है।]

राघव : मुझमें ताकत नहीं रही बेबी, कि दुनिया का मुक़ाबला कर सकूँ। मैं यहीं रहूँगा। जैसे तुम रखोगी, मैं रहूँगा। जो काम बताओगी, करूँगा। कोई शिकायत नहीं करूँगा। मगर मुझे निकालो मत, बाहर मत निकालो...बाहर मती...

बेबी : *(सूखे स्वर में)* राघव, तुम हर हालत में यहीं रहना चाहोगे?

राघव : हाँ...!

बेबी : कोई शिकायत तो न करोगे?

राघव : नहीं...!

बेबी : खुली आँखों कुछ भी देख पाओगे?

राघव : हाँ...!

बेबी : अपनी बहन का जो भी...सब सह लोगे?

राघव : हाँ, बेबी! पर मुझे निकालो मती... *(अब अतिशय किंकर्तव्यविमूढ़ हो जाता है।)*

बेबी : *(सहारा देकर उठाते हुए)* यहीं रहो... *(स्वर एकदम शुष्क है।)*

[राघव किंचित स्थिर अनुभव करता है।]

बेबी : *(पूरी ताकत लगाकर)* राघव, शिवाप्पा ने मुझे रक्खा है।

[राघव जैसे जल गया हो। मुँह सफेद पड़ गया है। सिर हिलाकर नकारना चाहता है। विश्वास नहीं कर पाता। बदन बुरी तरह काँप रहा है।]

बेबी : सच राघव, वही कह रही हूँ, जो सत्य है। तुम्हें मेण्टल हास्पिटल में भेजने के बाद शिवाप्पा ने मुझे भ्रष्ट कर दिया। सात दिनों तक वह रोज़ आता रहा। मेरा कोई बस न चला राघव, कोई मदद करने नहीं आया। इसके बाद शिवाप्पा का आना बन्द हो गया। सब लोग मेरी तरफ़ अँगुली उठाकर कहते, 'ये शिवाप्पा की है।' मुझे परेशान करते। चाल से जात-बाहर कर दिया। न कोई बात करता था, न कुछ पूछता था। दरवाज़े के सामने कूड़ा-करकट फेंक देते थे लोग। किसी ने दरवाज़े पर शिवाप्पा का नाम लिख दिया। घर में खाने को नहीं था, दो दिन भूखी-प्यासी बैठी रही। जब आँसू सूख गये तो सोचा, अगर लोग उसका नाम लेकर मुझे चिढ़ाते हैं, तो

मैं उसी के पास जाऊँगी। मैं शिवाप्पा के यहाँ गयी। उससे कहा कि तूने मेरी आबरू लूटी है तो अब मेरा इन्तज़ाम कर। शिवाप्पा ने मेरी मदद की। छोटे लोगों की इस बस्ती में जगह दी। यहाँ उसका रोब चलता है यहाँ मुझे कोई नहीं चिढ़ाता। अब शिवाप्पा रोज़ यहाँ आता है, जब भी उसे वक़्त मिलता है। मुझे खूब दिक करता है; मगर मेरी देखभाल करता है वो। राघव, ये एक्स्ट्रा का काम उसी ने दिलवाया है। उसकी औरत आजकल टी.बी. की मरीज़ है। उसका खर्चा भी मैं ही उठाती हूँ। लेकिन शिवाप्पा मन का बुरा नहीं है, राघव! वो न होता तो मुझे कौन सहारा देता? कौन बचाता, बोलो?

[राघव अभी तक धक्का खाया हुआ-सा है।]

बेबी : बोलो, तुम अब भी यहाँ रहोगे? मेरी वजह से शर्मिन्दा महसूस करते होगे, है न राघव? अगर तुम जाना चाहो तो मैं तुम्हें जरा भी नहीं रोकूँगी।

[ज्यों-ज्यों राघव उठता है। हाथ नचाता है। बड़बड़ाता है। थककर बैठ जाता है। बेबी देखती रह जाती है।]

बेबी : राघव, ऐसे रहना होगा जिससे शिवाप्पा को ज़रा भी तकलीफ़ न हो। वही करना पड़ेगा, जो वो चाहेगा। क्योंकि जब मुझे सब लोगों ने बेआसरा छोड़ दिया था, जब तुम भी दूर चले गये थे, तब उसी ने मुझे सहारा दिया था न? उसी ने मुझे बचाया था। वो कैसा भी आदमी हो, मगर मैं उसके साथ एहसान-फरामोशी नहीं कर सकती, राघव! आखिरकार वही तो साबित हुआ मेरा मददगार, मेरा पहरेदार...!

[राघव सिर्फ़ बैठा है।]

बेबी : यह भी अच्छा ही हुआ कि तुम आ गये, राघव! मैं स्टूडियो जाती हूँ तो यहाँ ताला लगा होता है। ऐसी नौकरानी भी नहीं मिलती कि जल्दी बर्तन मल जाये। शाम को लौट के मुझे ही मलने पड़ते हैं। अब तुम रहोगे घर में। अलावा इसके, तुम राशन भी ला सकोगे।

[राघव अब भी वैसे ही बैठा हुआ है।]

बेबी : शिवाप्पा से इजाज़त लेनी पड़ेगी...पर मुझे भरोसा है कि मैं उसे समझा दूँगी तो मान जायेगा, तुमको यहाँ रहने देगा।

[राघव अब भी बैठा है।]

बेबी : राघव, हम लोग दुबारा एक ही जगह आ गये हैं, लेकिन देखो न कैसी अजब हालत में! *(लम्बी साँस लेकर)* ज़िन्दगी ऐसी ही है, राघव...

[राघव उसी जगह बैठा घुटनों में सिर छिपा लेता है।]

(अन्धकार)

दृश्य-दो

[शाम का समय। चारों ओर अँधेरा फैलने लगा है। बाहर से बेबी आती है। बासी, थकी-हारी। घिसटकर चलती हुई। हाथ में पर्स, लाइब्रेरी की किताब और डबलरोटी। आदतन पर्स खोलकर चाबी निकालना चाहती है कि दरवाज़े की तरफ़ ध्यान जाता है। "हूँ, चाबी की क्या ज़रूरत!" धीमे से कहती हुई पर्स बन्द कर देती है। दरवाज़ा खोलती है।

बाहर वाली कोठरी में राघव एक कोने में दीवार से टिका बैठा है। अपने हाथ को दूसरे का हाथ समझकर तरह-तरह की हरकतें कर रहा है। बहुत ध्यान से देख रहा है। बेबी को आया हुआ देखकर रुक जाता है। अपनी जगह पर सिकुड़ा-सिमटा हुआ। फिर खड़ा जो जाता है।]

बेबी : *(चप्पलें उतारते हुए)* राघव! *(पर्स और किताब रखकर बत्ती जलाती है। नमस्कार करती है। भीतर वाले कमरे में जाती है। बत्ती जलाती है। देखती है, बर्तन मले नहीं गये हैं।)* अरे, नौकरानी नहीं आयी! राघव नौकरानी नहीं आयी दोपहर में? बर्तन ऐसे ही पड़े हैं जूठे! अब मुझी को मलने होंगे। *(नाराजी से डबलरोटी जरा पटकती है।)* मैंने सोचा था, कम-से-कम आज तो...

राघव : *(भीतर आकर)* नौकरानी आयी थी। मगर वो क्या जाने कि मैं कौन हूँ। वो घर में घुसी ही नहीं इसीलिए। बाहर-से-बाहर ही चली गयी।

बेबी : तुमने उससे कहा तो होता। आखिर तुम किसलिए थे?

राघव : मेरे कहने से पहले ही चली गयी वो।

बेबी : *(धप्प से बैठ जाती है लम्बी साँस लेकर)* बहुत अच्छा हुआ! जिसकी किस्मत में जो लिखा होता है, वो होकेई रहता है, पलटता थोड़ेई है। अब चाय बनानी पड़ेगी। मुझी को बनानी पड़ेगी।

राघव : मैंने मुद्दत से नहीं बनायी, वर्ना मैं ही...

बेबी : बनाती हूँ। ज़रा सुस्ता लेने दो। फिर उठती हूँ। क्या करूँ? आज लगातार खड़े रहना पड़ा। टाँगें टूट गयी हैं। कॉलेज के बाहर के सीन्स का शूटिंग चल रहा था। मैं कॉलेज की लेडी स्टूडेंट थी। आज इतने रिटेक, इतने कि बस्स! कभी हीरो गलती कर देता, तो कभी हीरोइन! वो लोग ठीक से करें तो कैमरामैन गड़बड़ कर देता। गलतियाँ ये लोग करें और जान हमारी जाये! सारा दिन हो गया, एक पन्ना तक पढ़ना न हुआ। *(अपने पाँव दबाती है।)* हे भगवान...!

राघव : *(झुककर)* मैं दबा दूँ—?

बेबी : समय कहाँ है भैया, सेवा कराने तक का!

[बेबी उठती है। पल्लू खोंसकर मुँह पर पानी के छींटे मारती है। नहानी के भीतर बैठकर बर्तन मलना शुरू कर देती है। राघव खड़ा रह जाता है। खोया-खोया-सा। उसका हाथ नचाना जारी है।]

बेबी : दिन-भर क्या करते रहे? क्यों राघव?

राघव : मुझसे कह रही हो? बैठा रहा। सोने की कोशिश की, मगर नींद नहीं आयी। आयी ही नहीं नींद...।

बेबी : जगह बदल गयी न...।

राघव : बदल तो सब गया है...सब बदल गया...।

[बेबी बर्तन माँजने में मग्न है। वह खोया-खोया-सा खड़ा है।]

राघव : बेबी...!

बेबी : क्या है?

राघव : ये सब हो कैसे गया?

बेबी : क्या?

राघव : यही सब...तुम्हारा ये...मैं सोचता हूँ तो ऐसा लगता है, जैसे किसी ने एकदम आँखें बन्द कर दी हों। सोचने की कोशिश करता हूँ खूब, सोच ही नहीं पाता। सिरफ दम घुटता है।

बेबी : *(बर्तन मलते हुए)* हूँ!

राघव : बहुत तकलीफ़ होती है...बहुत तकलीफ़...!

बेबी : मानते हो इसलिए होती है। अच्छी बातें सोचा करो, राघव!

राघव : अच्छी बातें? ...कौन-सी अच्छी बातें?

बेबी : कोई-सी भी। नहीं सूझें तो 'रघुपति राघव राजा राम' जपा करो। मन को शान्ति मिलती है।

राघव : तुम्हें मिलती है?

बेबी : मिलती है। ज़रा-सी भी मिलती है तो मन हलका हो जाता है। नहीं तो और क्या कर सकते हैं?

राघव : क्या कर सकते हैं...तुम्हारे मन को मिलती है शान्ति...? *(बड़बड़ाता है।)*

[बेबी मँजे हुए बर्तनों को नहानी की दीवार पर रखती है। उन्हें उलटा करती है।]

बेबी : ज़रा परे हटो।

राघव : *(परे हटकर)* तुम्हारे मन को मिलती है शान्ति?

बेबी : *(चाय की पतीली स्टोव पर से उतारकर)* और कर ही क्या सकते हैं, बाबा! ये बदन जो है, इसको रोज़ ताज़ा रखना ही पड़ेगा!

राघव : ताज़ा रखना ही पड़ेगा...किसलिए?

बेबी : मरते नहीं बनता, इसलिए। आत्महत्या कायरता है। कैसी ही मुश्किलें क्यों न हों, हमें उम्मीद नहीं छोड़नी चाहिए, कोशिश करते रहना चाहिए। ज़िन्दगी एक लड़ाई है, राघव!

राघव : मुझे ऐसा लगता है...

बेबी : *(प्याली में चाय उड़ेलकर)* क्या लगता है?

राघव : यह सब एक बहुत बड़ा अस्पताल है स्यानों का...स्यानों का पागलखाना...!

बेबी : यह तो निराशावाद हुआ। *(उसे चाय की प्याली पकड़ाकर)* जूझने वाले को चाहिए कि निराशा को पास न आने दे।

राघव : तुम पियो न पहले...थकी-हारी आयी हो...

बेबी : मैं भी पी रही हूँ...चाय पेट्रोल है मेरे लिए। मेरी गाड़ी इसी के दम पर दौड़ती है। *(बैठकर चाय पीती हुई)* कल से राशन और सब्जी तुम लाया करना। मेरा भी काम हलका हो जायेगा।

राघव : कल...!

बेबी : *(चाय पीकर प्याली-रकाबी धोते हुए)* क्या बात है?

राघव : क्या? ...*(खोया हुआ-सा)* तुम...तुमने जो कहा न बेबे, सच है? सच है वो?

बेबी : *(प्याली-रकाबी को उलटाकर मुँह धोने को जाते हुए)* क्या? क्या सच है?

राघव : शिवाप्पा...तुम...?

बेबी : हाँ!

राघव : *(ऐसे, कि जैसे किसी ने उठाकर धरती पर पटक दिया हो)* हाँ...वो सच है! ...*(व्यग्र हो जाता है। बड़बड़ाना और हाथ नचाना शुरू कर देता है।)*

[बेबी मुँह पर छींटे मारती है। आँखें मींचे तौलिया उठाती है। मुँह पोंछती है। आईने के सामने जाकर पाउडर, बिन्दी वगैरह में मग्न हो जाती है।]

राघव : बेबे?

बेबी : हूँ!

राघव : *(बहुत यातना भरे स्वर में)* वो...कब आता है...यहाँ?

बेबी : *(माथे पर लगे कुंकुम-तिलक को सँवारते हुए)* रात को।

राघव : यहीं रहता है...रात को...?

बेबी : *(बाल खोलकर दुबारा बाँधते हुए)* हाँ!

राघव : हाँ...! *(बहुत वेदना है।)*

बेबी : चावल चढ़ाती हूँ। सुबह की दाल हई है, और डबलरोटी भी ले आयी हूँ।

राघव : मुझे भूख नहीं है।

बेबी : *(उसकी ओर भरपूर देखकर)* अच्छा। *(चावल चढ़ाने*

का उपक्रम) मेरा रात का खाना भी बेवक्त होता है। कभी-कभी होई नहीं पाता। तुम चाहो तो बाहर बैठ जाओ।

[राघव बाहर वाली कोठरी में आता है। परेशान है। हाथ नचा रहा है। भीतर कोठरी में बेबी चावल चढ़ाकर गुनगुनाती हुई साड़ी बदलती है। बाल सँवारती है। लगातार गुनगुनाती है।

इधर राघव चहलकदमी कर रहा है। हाथ नचा रहा है। बाल सँवारकर बेबी बाहर वाली कोठरी में आती है। एक बार राघव को देखकर चारपाई की चादर बदलने लगती है।]

बेबी : राघव!

राघव : ऊँ? मुझसे...कहा?

बेबी : तुम कहाँ सोओगे?

[वह भौचक्का-सा देखता रह जाता है।]

बेबी : *(चारपाई पर तकिया वगैरह करीने से रखकर)* तुम घर में तो सो नहीं पाओगे, इसलिए पूछा।

[राघव को गुस्से की सनक घेरना चाहती है। उठते-उठते विलीन हो जाती है। वह एकदम कातर हो आता है।]

राघव : बाहर...कहीं भी।

बेबी : *(उसके लिए चटाई, तकिया और चादर निकालकर)* ये रहा तुम्हारा बिछौना। अब से तुम्हीं इसे सँभाल के रखना। आज तुम अभी ही चले जाओ। मैं मौका देखकर उससे बात करूँगी। उसके बाद दिखोगे तो फिर कोई बात नहीं। आज यकायक दिख जाओगे तो आग-बबूला हो जायेगा बेकार में। निकाल तक दे, उसका क्या भरोसा? बिना मतलब कुछ-से-कुछ हो जायेगा।

राघव : *(थूक निगलकर)* अभी-की-अभी जाऊँ?

बेबी : वो बात नहीं...मगर आठ के बाद कभी आ टपकेगा। अभी सात बज रहे हैं। ...और सुबह सात बजे तक मत आना। वो तब तक चला जाता है। अगर दरवाज़ा बन्द

हो तो समझ लेना कि वो है। उढ़का हुआ हो, तो वो नहीं है।

[राघव बेइज़्ज़ती महसूस करता है, पर असहाय है।]

बेबी : *(उसकी हालत देखकर)* ऐसा मत मानो कि मुझे यह सब अच्छा लगता है। पर मैं करूँ क्या? जो मेरे हिस्से आया है, उसे कैसे दुत्कारा जा सकता है? आजकल तो मैंने सोचना तक छोड़ दिया है।

[राघव अपना बिछौना इकट्ठा करता है। बेबी एक कढ़ा हुआ टेबल-क्लाथ स्टूल पर बिछाती है। राघव बाहर चला जाता है। बेबी नीला बल्ब जलाती है। पहला वाला निकालकर रख देती है। पर्स में से सेंट की शीशी निकालकर चुपड़ती है। शीशी पर्स में रख देती है। भीतर वाली कोठरी में जाकर देखती है कि चावल उबल गये हैं। स्टोव बन्द कर देती है।

बेबी बाहर आती है। दरवाज़ा खींच लेती है। किताब लेकर बत्ती के पास बैठ पढ़ने लगती है।

एक स्वप्निल पार्श्व-संगीत शुरू हो जाता है। बेबी पढ़ रही है। उसका विविध प्रकार का भावावेग ज़ाहिर होने लगता है। उसकी मुख-मुद्रा एलिवेटेड। तमाम भावों की तरंगें तरल पृष्ठ-संगीत में उठती हैं, विलीन हो जाती हैं। बगैर आवाज़ किये दरवाज़ा खुलता है। पार्श्व-संगीत एकाएक थम जाता है। दरवाज़े पर शिवाप्पा। उम्र पचास के आसपास। काला-कलूटा। झबरा। कान के किनारे उगे बाल, बाहर तक फैले हुए। ऐसे दुबला मगर मज़बूत, पुख्ता। सिर के आगे के बाल झड़ चुके हैं। जाकिट, कमीज़, ढीली-ढाली धोती। मुँह में ठूँसी बीड़ी। हाथ में रंगीन कवर वाली पत्रिका।]

शिवाप्पा : *(बेबी को देखकर, बगैर बीड़ी हटाये)* बाबी, बाबी कम!

[बेबी चौंककर देखती है। पल-भर रिक्त! अपने को होश दिलाती है।]

शिवाप्पा : कम, बाबी कम!

[बेबी तेज़ी से कुतिया की तरह चार पाँवों पर उछलती हुई उसके पास जाकर उसके इर्द-गिर्द चक्कर लगाती है। उसकी हथेली चाटती है। कुतिया की तरह कूँ-कूँ आवाज़ करती है। शिवाप्पा खुश होकर उसे थपथपाता है।]

[अब बेबी उसकी चप्पलें उतारकर अलग रख देती है। उठकर उसका जाकिट उतारती है।]

शिवाप्पा : *(रंगीन कवर वाली पत्रिका दिखाकर)* देका, क्या लाया है तेरे को? आज इस्की पिच्चर का पोज। एक पोज बौत मारू है उस्में। तू इस्में एकदम फन्टू दिकेगी, बाबी।

बेबी : *(भूखे आदमी की तरह छीनकर तसवीरें देखती है)* हमने पहचान लिया। यही न? *(तसवीर दिखाती है।)*

शिवाप्पा : बरोब्बर! हुशियार है अमारा बाबी! *(कसकर हाथ मारता है।)*

बेबी : *(छटपटाकर मगर अपने को सँभालकर)* ऊँ! हमको तो ये प्यारा लगा। *(एक तसवीर दिखाती है।)*

शिवाप्पा : ओ, पर दिकाना! कमान, बाबी!

[बेबी आज्ञाकारी चाकर की तरह उसका जाकिट खूँटी से लटकाती है।]

शिवाप्पा : कमान, कमान!

[बेबी उसके मुँह में ठूँसी बीड़ी निकालने की कोशिश करती है। शिवाप्पा कई बार चकमा देकर खेल जारी रखता है। आखिरकार बेबी बीड़ी निकाल ही लेती है। बुझाकर फेंक देती है। शिवाप्पा की कमीज़ उतरवाकर खूँटी से टाँग देती है। अब उसके बदन पर बनियान और धोती। वह ऐसे हँस रहा है जैसे कोई गुदगुदा रहा हो, हँसी न रोक पाने की वजह से खाँस रहा है। आखिर शिवाप्पा चारपाई पर तकिए के सहारे लेट जाता है। बेबी उगालदान लाकर उसके सामने थामती है। दो-एक बार खाँसकर वह गला साफ़ करता है—थूक कर। बेबी उगालदान को चारपाई के नीचे रख देती है।

अब बेबी अलमारी में से पान का डिब्बा निकालती है और पान बनाने लगती है।]

शिवाप्पा : आज बाबी, कित्ता कमा के लाया?

[बेबी उठकर पर्स में से रुपया निकालकर उसे देती है।]

शिवाप्पा : *(नोट देखकर)* बस्स? बारा रुपया? इत्ताच?

बेबी : *(पान तैयार करके)* आज डायलाग नहीं था। साइलेंट काम था।

शिवाप्पा : *(रुपये गिरह में रखकर)* टीक-टीक! कल जादा माँगता। डॉक्टरच रोज़ चालिस झटकेला है। दो-दो सुई रोज़ का। बारा से क्या होएँगा? तेरा कोपड़ी?

बेबी : पान हाज़िर है। हुज़ूर कुबूल फरमाएँ।

शिवाप्पा : *(गुदगुदी महसूस करके)* फेर से बोल...!

बेबी : पान हाज़िर है। हुज़ूर कुबूल फरमाएँ।

शिवाप्पा : तुम किलावो ज़्जानी।

[बेबो उसे पान खिलाती है। शिवाप्पा उसका हाथ पकड़ लेता है। पकड़े रहता है। बेबी हँसती है, उछलती है। हाथ छुड़ाने की कोशिश करती है।]

शिवाप्पा : बाबी, बाबी कमान। कमान बाबी, कमान!

[बेबी भौंकती है कुतिया की तरह। ज़ोर से हँसती है। भौंकती है। आखिरकार हाथ छुड़ा लेती है। फूँक मारती है। सहलाती है। एक आँख का आँसू पोंछती है।]

शिवाप्पा : इदर बईट! *(चारपाई पर अपने पास बैठने की जगह इशारे से दिखाता है।)*

[बेबी नाज़-नखरा करती है। 'ऊँ-हूँ' कहती है।]

शिवाप्पा : बईट्ट!

[बेबी पहले की तरह इनकार करती है।]

शिवाप्पा : *(चिल्लाकर)* बईट्ट!

[बेबी हड़बड़ाकर बैठ जाती है। शिवाप्पा खुश।]

शिवाप्पा : हमारा बाबी क्या माँगता?

[बेबी चुप है।]

शिवाप्पा : क्या माँगता? क्या माँगता?

[बेबी मुँह में जीभ हिलाकर थूक निगलती है।]

शिवाप्पा : अरे, क्या माँगता? *(बेबी का कान मसलना शुरू करता है।)* बाबी, बोल क्या माँगता? क्या माँगता?

बेबी : *(छटपटाकर)* चू-चू।

शिवाप्पा : फेर से बोल!

बेबी : चू-चू!

शिवाप्पा : फेर से बोल, फेर से...!

बेबी : चू-चू...चू-चू...चू-चू...!

शिवाप्पा : *(मन में गुदगुदी महसूस करता हुआ बनियान अधूरी निकालता है।)* लेव्...!

बेबी : *(उसका कान सहलाकर)* ऊँ...!

शिवाप्पा : चल्...लेव्!

बेबी : ऊँ...ऊँ...!

शिवाप्पा : चल, पईले हात डाल...!

[बेबी अनिच्छा से बनियान के भीतर हाथ डालती है। शिवाप्पा गुदगुदी महसूस करता है। उसे हाथ नहीं हटाने देता। ज़रा देर बाद बेबी का हाथ रम की बोतल सहित बाहर आता है।]

शिवाप्पा : बच्चा, इस्को क्या बोलता है?

बेबी : दारू बोलता है।

शिवाप्पा : लड़का, इस्को क्या करता है?

बेबी : इसको पीता है।

शिवाप्पा : बिट्टू, इस्से क्या होता है?

बेबी : इससे नशा आता है।

शिवाप्पा : अऊर क्या होता है?

बेबी : बहुत मज़ा आता है।

[शिवाप्पा हरख जाता है।]

शिवाप्पा : बाबी, गिलास! पानी!

[बेबी कुतिया का अभिनय करते हुए सब चीज़ें लाती है। थकती जा रही है।]

शिवाप्पा : ये किस्को?

बेबी : मेरे को।

शिवाप्पा : तेरे किस्को?

बेबी : *(अपने मुँह की ओर इशारा करके)* मेरे इसको!

शिवाप्पा : अऊर किस्को?

[बेबी चुप है।]

शिवाप्पा : *(उसको थप्पड़ मारकर)* अऊर? अऊर किसको?

[बेबी उत्तर देने के बजाय भौंकती है। शिवाप्पा को बड़ा लुत्फ़ आता है।]

शिवाप्पा : *(गिलास में ढाल कर)* बाबी, शरबत?

[बेबी पल-भर नहीं ध्यान देती। फिर गिलास को मुँह लगाने की कोशिश करती है। शिवाप्पा गिलास हटा लेता है। चार-पाँच बार यही चलती है। शिवाप्पा बहुत मज़े में आ जाता है। आखिर में बेबी गिलास झपट लेती है, दिखाती है कि गिलास जूठा किया।]

शिवाप्पा : अऊर पी...!

बेबी : *(मुँह बनाकर नफ़रत दिखाती है।)* ऊँ हूँ! भौं...भौं...!

[शिवाप्पा झपटकर उसकी कलाई पकड़ लेता है। मरोड़कर चित लिटा देता है। उसके मुँह में ऐसे गिराता है गिलास से, जैसे मुँह फ़नल हो। ज़बरदस्ती पिलाता है। गिलास खाली कर देता है। बेबी को सूखी खाँसी आ जाती है। छटपटाती है। शिवाप्पा निहायत खुश। बेबी का खाँसना नहीं थमता। शिवाप्पा और भी खुश!]

शिवाप्पा : अब पोज़ लेवू; चल। उठ, बाबी!

[बेबी बड़ी मुश्किल से उठकर एक पोज़ लेती है। शिवाप्पा रंगीन पत्रिका का पन्ना दिखाता है।]

शिवाप्पा : अब ये लेवू...।

[बेबी वही पोज़ लेती है।]

शिवाप्पा : ये बरोब्बर नई। अईसा लेवू...।

[बेबी वैसा पोज़ लेती है।]

शिवाप्पा : *(क्षण-भर देखकर। पत्रिका का दूसरा पन्ना दिखाकर)* अब ये लेवू...!

[बेबी वही पोज़ लेने की कोशिश करती है।]

शिवाप्पा : छाती आगे को...अऊर आगे को...अऊर...!

[बेबी को तकलीफ़ हो रही है। शिवाप्पा को मज़ा आ रहा है।]

शिवाप्पा : अब परेड कर।

[बेबी बहुत थक गयी है, पर कवायद करती है। हाँफती है। उस पर शराब का नशा छाने लगा है।]

शिवाप्पा : अब डान्स!

[बेबी तैयार नहीं है।]

शिवाप्पा : *(चीखकर)* डान्स कर नईं तो...

[बेबी नाचती है।]

शिवाप्पा : गाना!

[बेबी नाचती हुई गाने लगती है। बहुत परेशान हो रही है।]

बेबी : अब बस!

शिवाप्पा : बस नईं। अबी अऊर! गाओ! नाचो! च्चलो...!

[बेबी हाँफती हुई फिर शुरू कर देती है।]

शिवाप्पा : अऊर...अऊर...ज़ोर से...अऊर...!

[आखिरकार बेबी थककर गिर पड़ती है।]

शिवाप्पा : *(मज़ा लूटता हुआ)* अऊर...!

बेबी : नहीं...!

शिवाप्पा : अऊर, बाबी अऊर! तोड़ा अऊर! अऊर, बच्चा, बस्स! तोड़ा अऊर...

[बेबी बड़ी मुश्किल से खड़ी हो पाती है। जरा गाती हुई नाचती है। फिर लेट जाती है। ज़ोर से साँस ले रही है कि सुनाई पड़ती है।]

शिवाप्पा : चू चू चू चू...अमारा बाबी तक गया। इधर आओ मेरा बच्चा! इदर आओ, ज्जानी...!

[बेबी घुटनों के बल उसके पास जाती है।]

शिवाप्पा : *(उसके बाल कसकर पकड़ते हुए)* ओ, ओ, ज्जानी... अमारा कबुत्तर...अमारा मुन्ना ओ...!

[खिंचते हुए बालों के कारण पैदा हुए दर्द को सह

पाने के लिए होंठ कसकर भींच लेती है। शरीर सिकोड़ लेती है।]

शिवाप्पा : *(छोड़कर)* चला जावू...दो पईसे की लउँडिया...!

[बेबी उठने की कोशिश करती है। वह नहीं हो पाता। तब हारकर बैठ जाती है।]

शिवाप्पा : *(उसके पास जाकर)* दुकता है अमारा बाबी को?

[बेबी दूर हटती हुई गर्दन हिलाकर मना करती है। वह उसका पीछा करता है। वह हटती जाती है। चूहा-बिल्ली का खेल शुरू हो जाता है। शिवाप्पा बहुत खुश है। रुक जाता है। बैठकर क्षणिक तृप्ति अनुभव करता है।]

शिवाप्पा : बौत मजा आया...!

[बेबी उसे देखती है। सरकती हुई उसके पास जाती है। उसकी जाँघ पर सिर रखकर लेट जाती है। लेटी रहती है। शिवाप्पा अब डार्क मूड में।]

बेबी : *(शिवाप्पा का गाल सहलाकर)* शिवाप्पा...!

शिवाप्पा : क्या?

बेबी : मैं तेरे को अच्छी लगती हूँ?

शिवाप्पा : नईं!

बेबी : तो कौन अच्छा लगता है?

शिवाप्पा : कौन पन नईं। सब अरामी है।

बेबी : मैंने तेरे लिए क्या नहीं किया?

शिवाप्पा : कुच्च नईं...!

बेबी : मैं तुझपे जान देती हूँ। तू जो कहता है, वही करती हूँ। पर...

शिवाप्पा : नईं करके किदर जायेगी? कून कर देगा अम। अपना कौन पन नईं। अउरत, बच्चा, सब पईसे का गुलाम... सबको पईसा ओना फकत...!

बेबी : मुझको भी? मैं तो उलटे तुझी को पैसा देती हूँ...मेहनत का पैसा...!

शिवाप्पा : *(ढकेलकर)* नईं माँगता तेरा पईसा! अटाओ! अपन में ताकत है, अपन इकलाच कमा लेंगा।

बेबी : *(जबरन उसकी टाँग पर सर रखकर)* शिवाप्पा, तू बहुत ताकत वाला है।

[शिवाप्पा चुप है। उसे अच्छा लगा है अपनी तारीफ सुनकर।]

बेबी : तू मरद आदमी है शिवाप्पा, तेरे से सब डरते हैं। मैं भी तेरे से डरती हूँ, शिवाप्पा! तू जो चाहता है, कर सकता है, शिवाप्पा!

शिवाप्पा : अम अबी तल्लक जवान है।

बेबी : हाँ, तू जवान है।

शिवाप्पा : बोल, तेरे को क्या माँगता? जल्दी बोल, नईं तो नईं मिलेगा पोचू।

बेबी : शिवप्पा, इधर एक मेहमान आने वाला है।

शिवाप्पा : मेहमान?

बेबी : हाँ, मेहमान ही है वो। मेरे रिश्ते का है।

शिवाप्पा : कित्ता दिन को?

बेबी : थोड़े ही दिन को। या शायद ज़रा ज़्यादा दिन रहे।

शिवाप्पा : सोएँगा किदर?

बेबी : बाहर! उसका इन्तज़ाम हो गया है।

शिवाप्पा : कौन है?

बेबी : पहले हाँ बोल न, शिवाप्पा!

शिवाप्पा : हुड़!

बेबी : शिवाप्पा...!

शिवाप्पा : मरद है कि अऊरत?

बेबी : मरद। मगर वैसा आदमी नहीं है वो। बीमार रहता है।

शिवाप्पा : बेमारी काय का?

बेबी : बीमारी...बीमारी न...? ...दिमाग़ की। बहुत कमज़ोर है वो...और...और...मेरे लिए भाई जैसा है...शिवाप्पा, भाई ही है।

शिवाप्पा : *(उसे धकेलकर)* राघव? वो आया?

बेबी : *(गर्दन हिलाकर मना करते हुए)* हाँ, शिवाप्पा...

शिवाप्पा : पागलकाना से चूटा वो?

बेबी : कल ही तो छूटा है।

शिवाप्पा : तेरे को कैसा मालूम?

[बेबी सकपकाती है।]

शिवाप्पा : बाबी, वो इदर आया ता, इदर च ता। ता के नईं?

बेबी : था, शिवाप्पा...!

शिवाप्पा : अबी किदर गया?

बेबी : शिवाप्पा, मैंने ही उसको सोने को बाहर भेज दिया।

शिवाप्पा : रागव आ गया, रागव...!

बेबी : शिवाप्पा, जो होना था हो गया...वो सब भूल गया है तो ...तुम भी...तुम भी...उसको माफ़ कर दो। जो आदमी बहादुर होता है वो माफ़ कर देता है, शिवाप्पा। उसने भी अपने जुर्म की सज़ा भुगती है, बहुत भयानक सज़ा। तुम अब तो उसको माफ़ कर दो, शिवाप्पा। तुम बहादुर हो!

शिवाप्पा : *(कुछ क्षण एकदम चुप)* बाबी, तू मेरे को फँसाएँगी?

बेबी : नहीं, शिवाप्पा। फँसाना होता तो क्यों बताती?

[शिवाप्पा मन-ही-मन अपने से सवाल करता है। उसे हल भी करता है।]

शिवाप्पा : बाबी, उसको रैने दे इदर।

बेबी : *(खुश होकर)* शिवाप्पा, शिवाप्पा...!

शिवाप्पा : च्चल, अमारे को डान्स करके दिका, च्चल...परेड कर... पोज़ लेव...च्चलो...कमान!

[बेबी को जबरन उठाता है। अँधेरा धीरे-धीरे छाता है। जब उजाला होता है तब बाहर सुबह हो चुकी होती है। चारपाई पर बेबी अकेली सोई हुई दिखाई देती है। औंधी, मुरदे जैसी।

हौले-से दरवाज़ा खुलता है। धूप भीतर आती है। राघव भूत-प्रेत की तरह, बिछौना गोल करके, बगल में दबाये।

सोयी हुई बेबी को देखता है। पल-भर उसका बदन थर-थर काँपता है। उसके नज़दीक जाता है। बाल सहलाता है, बहुत धीमे-से। ऐसे हाथ खींच लेता है जैसे बिजली छू गयी हो। गुस्सा होकर कोने में जाता है और बिछौना खड़ा कर देता है टिकाकर।

वहीं बैठ जाता है। गुस्से में बड़बड़ाता है। हाथ नचाता है।
बेबी जैसे मौत की नींद में खोई हुई। अस्पस्ट रोमांटिक संगीत।]

(धीरे-धीरे अँधेरा)

दृश्य-तीन

[दोपहर का समय। मंच के आधे हिस्से में फ़िल्म-स्टूडियो का एक हिस्सा। शेष आधे हिस्से में बेबी के घर की बाहर वाली कोठरी और उसके बाहर का हिस्सा। स्टूडियो वाले हिस्से में रोशनी। पीछे की तरफ कबाड़खाने जैसी चीज़ें। एकआध रद्दी पोस्टर। महल के सेट का एक टुकड़ा। आगे की ओर लेवल जो किसी सेट का हिस्सा है।

कहीं से ठोंकने-पीटने की ठुक-ठुक।

लेवल पर कर्वे निहायत आराम से सिगरेट पीता बैठा हुआ है।

बेबी की बाहर वाली कोठरी में राघव चहलकदमी कर रहा है। हाथ नचा रहा है। बड़बड़ा रहा है। एकाध बार माथा पकड़कर बैठ जाता है, खड़ा होता है। उत्तेजित-सा बड़बड़ाता है। बैठ जाता है। चहलकदमी करना शुरू कर देता है।

स्टूडियो के हिस्से में बेबी आती है। मुँह पर मेकअप। एक्स्ट्रा के रोल की वेशभूषा। लेवल के दूसरे सिरे पर बैठकर उपन्यास खोलती। कर्वे उसकी ओर देखता है। फिर सिगरेट पीने में मग्न हो जाता है। धुएँ के छल्ले वगैरह बनाता है।

बेबी पढ़ना शुरू कर देती है। ज़ोर की जमुहाई आती है, पर पढ़ना नहीं रोकती।]

कर्वे : क्या पढ़ रही हो, बेबी?

बेबी : *(कर्वे की तरफ़ देखकर)* नावेल।

कर्वे : किसका है?

बेबी : भूषन चन्दा का।

कर्वे : भला है बेचारा लेखक! नाम क्या है?

बेबी : 'बचपन झुलस गया पतझर में'।

कर्वे : चोरी का माल है, नीरज के यहाँ से उड़ाया है।

[बेबी एक बार देखती है और बगैर कुछ कहे पढ़ना शुरू कर देती है। कर्वे सिगरेट का आखिरी कश मारकर टुर्रा मसलकर फेंक देता है। बेबी आँखें मींचकर बैठी है।]

कर्वे : क्या रतजगा किया?

[बेबी चौंककर देखती है।]

कर्वे : अजी, हमने कहा, क्या रतजगा किया? आँखें मींचे पढ़ रही हो, इसलिए पूछा।

बेबी : नहीं! *(फिर पढ़ने में मशगूल हो जाती है।)*

कर्वे : *(बड़े आराम से बेबी को देखकर)* ये सेट बहुत टाइम खायेगा। रिटेक पर रिटेक चल रहा है। क्या हिरोइन है, चार डायलाग नहीं रट पाती! कैसे ये लड़कियाँ हिरोइन हो जाती हैं, ईश्वर जाने! वैसे, हिरोइन बनने के लिए दूसरे ही गुन होने चाहिए... *(बेबी की ओर अर्थ भरी दृष्टि से देखता है। वह या तो पढ़ने में मग्न है या वैसा दिखाती है।)* सुब्बैया में भी दो कौड़ी का सेन्स नहीं टेकिंग का। पिछले टेक में ट्राली चला रहा था पट्ठा। जूम पर वो फर्स्ट क्लास आता कि देखते रह जाते लोग। मगर वे ठहरे तीसमारखाँ, इनको कौन समझा सकता है!

[बेबी अब भी पढ़ रही है। या शायद आँखें मींचे हुए है।]

कर्वे : अरे, हमारा भी दिन आयेगा, देखते रहना। *(बेबी में उसकी रुचि बराबर बढ़ती जा रही है। बैठे-बैठे नयी सिगरेट जलाता है।)* बेबी, वाय् नाट यू! तुम भी हिरोइन बन सकती हो, कल, परसों...

[बेबी यह नहीं जाहिर करती है कि ध्यान दे रही है। पर उसके चेहरे पर रंग आ जाता है।]

कर्वे : तुम्हारा फार्म अपीलिंग है। चेहरा भी नाट बैड्! थ्री-फोर्थ में ज़रूर सँभालना पड़ेगा और उस बेवकूफ लड़की के मुकाबले तुम्हारी याददाश्त ज़रूर अच्छी होगी। वो कोई सीधे आसमान से तो आके टपकी नहीं है। एक्स्ट्रा से हिरोइन बनी है।

[अब बेबी के लिए किताब में रम पाना मुश्किल हो जाता है। कर्वे शान्ति से सिगरेट पीता हुआ उसको देख रहा है।]

कर्वे : कोई वजह नहीं कि कैरेक्टर की डीप अंडरस्टैंडिंग तुम न रख सको। आखिर इतना पढ़ती-वढ़ती हो, हमेशा किताब से चिपकी रहती हो। जबकि दूसरी लड़कियों की किताबों से दुश्मनी। इनका ज़्यादातर टाइम मिरर के सामने और बचा-खुचा सारा टाइम बेड में जाता है। सेट पर कैरेक्टर समझते नानी मरती है। सब पंजाबी कल्चर है। इसीलिए तो मराठी लड़कियाँ इण्डस्ट्री में हमेशा टाप पर रही हैं।

बेबी : चाय पियेंगे कर्वे साहब? मुझे नींद आ रही है।

कर्वे : रात-रात भर जगना खराब बात है, बेबी! फार्म सत्यानास हो जायेगा। अच्छा, चलो! मगर, चाय तुम पिलाओगी न? तो चलते हैं। अगला शाट घण्टे-भर से पहले नहीं होने वाला।

बेबी : चलिए!

[दोनों उठकर चल देते हैं।]

[बेबी के घर की बाहर वाली कोठरी में राघव सोया हुआ है। दरवाजे में से शिवाप्पा भीतर आता है। मुँह के भीतर बीड़ी ठुँसी हुई। देखता है कि राघव सोया हुआ है। दरवाज़ा भीतर से बन्द कर लेता है। बीड़ी चबाता हुआ कुछ देर तक सोए हुए राघव को देखता रहता है।

फिर बीड़ी बुझाकर उस तरफ़ पड़ी सफेद चादर सिर पर ओढ़कर लपेट लेता है। अब उसका मुँह नहीं दिखाई देता।

शिवाप्पा 'फैंटम' जैसा दिखाई देता है। राघव को कोंचता है। गुदगुदाता है। और ज़्यादा गुदगुदाता है। राघव एकदम जग पड़ता है। घबराकर खड़ा हो जाता है। बुरी तरह काँप रहा है।]

राघव : कौन है?

शिवाप्पा : तेरा मोत!

राघव : *(सकपकाकर)* क्...कौन है तू?

शिवाप्पा : *(राघव की पसलियों में उँगली चुभोकर)* सुन्ता नईं? तेरा मोत!

[राघव हक्का-बक्का रह जाता है। काँप रहा है।]

शिवाप्पा : सीदा बइट्ट! सूअर की अवलाद!

[राघव बैठ जाता है।]

शिवाप्पा : पाव उप्पर लेवू!

[राघव एक पाँव ऊपर कर लेता है।]

शिवाप्पा : *(थप्पड़ मारकर)* दोनों लेवू!

[राघव दोनों पाँव ऊपर कर लेता है।]

शिवाप्पा : चार पाँव पे खड़ा हो जावू!

[राघव पहले तो कुछ समझ नहीं पाता। शिवाप्पा उसे तमाचा मारता है, घूँसा जड़ देता है। मार-पीट की रफ्तार धीरे-धीरे बढ़ती जाती है। राघव घोड़े के माफिक खड़ा हो जाता है।]

शिवाप्पा : बोल मैं गदा!!

राघव : *(थूक निगलता है। काँपकर)* मैं गधा।

शिवाप्पा : मैं सुवर!

राघव : *(पहले की तरह)* मैं सुअर।

शिवाप्पा : दोनों एक साथ कइसा होएँगा, अरामी? *(मारता है)* बोल, तू कौन है?

राघव : र...राघव।

शिवाप्पा : *(पेट में घूँसा जड़कर)* गदा है के सुव्वर?

[राघव की समझ से परे है यह जान पाना कि क्या हो रहा है।]

शिवाप्पा : गदा के सुव्वर? ब्बोल...!

राघव : गधा...छोड़ दो मुझे! छोड़...!

शिवाप्पा : *(मारकर)* गदा?

राघव : *(छटपटाकर)* नहीं...नहीं...सुअर....।

शिवाप्पा : *(मारकर)* सुव्वर?

राघव : *(छटपटाकर)* छोड़ दो मुझको...जाने दो...।

शिवाप्पा : *(गाल पर मारकर)* एक बात बोल अरामी!

राघव : त...तुम कौन हो?

शिवाप्पा : तेरा बाप! सरग से आया तेरे को मिलने को। *(और मारता है। राघव नहीं सह पाता। लड़खड़ाता है। शिवाप्पा उसे ठोकर मारता है।)* सिद्दा कड़ा रै। पाव को छू, छू पाव, छू गदा...!

[राघव पाँव छूने के लिए झुकता है कि शिवाप्पा उसे ढकेलता है। राघव चारों खाने चित। उठने की कोशिश करता है। ज्यों ही एक हाथ के बल उठना चाहता है, शिवाप्पा ठोकर मारकर उसको गिरा देता है। राघव बार-बार उठने की कोशिश करता है और शिवाप्पा 'उठ! उठ अरामी!' कहते हुए ठोकर मारकर गिरा देता है।

राघव की वह हालत कि जैसे बाड़े के भीतर घिरा हुआ जानवर हो! बुरी तरह घबराया हुआ, परेशान। अब शिवाप्पा उसे उठने देता है। राघव उठकर बैठ जाता है तो शिवाप्पा दोनों हाथों के पंजों में राघव के जबड़े को जकड़कर दोनों तरफ झुलाना शुरू कर देता है। राघव कराहता है, तड़प-तड़प उठता है।]

शिवाप्पा : *(झुलाकर)* जूलो मेरे लाल, मेरे लाल, तुम जूलो मेरे लाल...! *(राघव को छोड़ देता है।)*

[राघव को गश आ रहा है। जबड़ा सहलाता है। 'एक-दो-तीन' कहकर शिवाप्पा राघव के माथे पर कसकर घूँसा मारता है। राघव लोट जाता है। निश्चेष्ट!]

शिवाप्पा : *(झूमकर)* सो गया मेरा मुन्ना... सो गया मेरा लाड़ला...!

[खुश होकर झूमता रहता है। चादर उसी तरह सिर

से पाँव तक लपेटे हुए है। ज़रा देर बाद चादर हटाता है। भीतर वाली कोठरी में जाकर पानी लाता है। बीड़ी सुलगाता है। राघव के मुँह पर छींटे देता है।]

[स्टूडियो वाले हिस्से में बेबी आती है। लेवल पर बैठ जाती है। किताब निकालती है, मगर पड़ना शुरू नहीं करती। पीछे से कर्वे आता है। ज़रा आगे बढ़कर टोह लेता है।]

कर्वे : एह! अभी और आधा घण्टा खायेगा। लाइट्स अरेंज हो रही हैं। मेरे नाम की चीख-पुकार हो रही होगी। चिल्लाओ सालो, हम्माला का काम होता है तो असिस्टेंट डाइरेक्टर याद आता है। सेकिण्ड-थर्ड असिस्टेंट बीड़ियाँ धौंकें और फर्स्ट असिस्टेंट हमाली करे...सिन्सियर हैं न! अपन नहीं करने वाले। सेकिण्ड थर्ड किया करें। फर्स्ट असिस्टेंट की कोई डिग्निटी है कि नहीं? कुछ भी हो, आखिर वो हैं तो फ्यूचर डिरेक्टर! मगर हम मराठी। सेकिण्ड और थर्ड ठहरे डिरेक्टर के चमचे! उनके वास्ते स्पेशल ट्रीटमेण्ट *(सिगरेट मुँह को लगाता है। बेबी की तरफ़ देख रहा है।)* बेबी, तुमने उस नावेल की जो स्टोरी सुनाई, वो इन्टरेस्टिंग मटीरिअल है। मेरी आँखों के सामने तो उसकी फ़िल्म घूमने लगी है। इट कैन बी जस्ट फैण्टास्टिक यों देखो...फ़िल्म ओपन! पन शाट बाम्बे! यहाँ से वी पन टु फोर्ट... *(हाथ के इशारों से समझाता है। बेबी अपनी बाँह पर सिर झुकाये तिरछे देखती है।)*

[ये आवाज़ें ऑफ हो जाती हैं। दिखाई पड़ते हैं सिर्फ़ कर्वे के जेस्चर्स!]

[बेबी का घर। बाहर वाली कोठरी में राघव होश में आकर बैठा हुआ है। उसे अपने सामने कोई नहीं दिखाई देता। वह उठने की कोशिश करता है। पीछे बैठा हुआ शिवाप्पा उसे इस तरह खींचता है कि वह शिवाप्पा की गोद में जा गिरता है। शिवाप्पा उसे गुदगुदाता है। भूत की तरह कहकहा लगाता है। 'उट्, उट्' कहता है। राघव ने शिवाप्पा को देख

लिया है। डर गया है। गुदगुदी की वजह से हिल रहा है, काँप रहा है, उठने की कोशिश कर रहा है। कराहता है। 'नहीं, नहीं', 'शिवाप्पा', 'छोड़ दे मुझे!' कहता है। बीच-बीच में शिवाप्पा उसे घूँसा जमा देता है। 'उट' कहता है। आखिर राघव उठता है, अलग खड़ा हो जाता है।]

राघव : *(काँपता हुआ)* शिवाप्पा, तू छोड़ दे मुझको, शिवाप्पा! मैं पाँव पड़ता हूँ तेरे, मुझे छोड़ दे...!

शिवाप्पा : तुम पैचाना मुजको? भूला नईं न अपना बाप को?

राघव : *(काँपकर)* शिवाप्पा माफ़ कर...जाने दे मुझको...अब बर्दाश्त नहीं होता...जाने दे... *(दरवाज़े की तरफ़ बढ़ता है।)*

शिवाप्पा : *(उसकी कलाई पकड़कर)* किदर चला? खड़ा रै मेरा लाड़ला! इत्ते दिन पी चू दिका तू बच्चा! मेरे को तेरी बौत याद आती ती रे! तेरे को छूने को आत में बोत खुजली आती ती मेरे, सच्ची! *(घूँसा दिखाता है। राघव काँपता है।)* वारे म्मेरा सेर! कइसा मरद आदमी है। उस टाइम सैतानी सुजी ती न मेरा पिल्ला को। बोम पाड़ता ता, लाल-पीला होता ता। चक्कू दिकाता ता, स्साला चक्कू! दमकी देता ता—मुड़दा गिराएँगा करके! स्साला, क्या पावर ता बदन में? मारोती बन गया ता बन्दर! जान कुरबान तेरे उप्पर! दिका, दिका तेरा पावर...कौन-सा हात में पकड़ा ता तै ने चक्कू? कौन-सा मूँ से चिल्लाया ता, रे?

राघव : *(काँपकर आँखें गोल-गोल घुमाते हुए)* नहीं...शिवाप्पा... छोड़ दे मुझको...तेरे पाँव पड़ता हूँ...सुन...छोड़ दे मुझको...

[शिवाप्पा चाकू निकालता है। उसको दिखाता है।]

शिवाप्पा : लेवू बेट्टा, लेवू! पकड़! म्मेरा सेर! लेव! अऊर दिका, कइसा बूत आया ता तेरा आँग में, दिका! दिका...न, ए गाण्डो...!

[राघव के मुँह पर मुर्दनी छा गयी है। आँखें फाड़कर चाकू को देखता है। मुँह से लार बह रही है। बदन काँप रहा है।]

शिवाप्पा जबरन उसे चाकू पकड़ाता है और राघव को पुरानी चाकूबाज़ी इनेक्ट करने को बाध्य करता है। एकाध घूँसा, चपत, थप्पड़, तमाचा भी जड़ता जाता है।

इसके आगे इनका माइम जारी रहता है। राघव का दिमाग़ ख़राब होता जाता है। और शिवाप्पा जबरन राघव को मार-पीट के लिए उकसाता है।]

[स्टूडियो वाले सेट पर।]

कर्वे : *(अब बेबी के करीब बैठा हुआ)* और वो जो वरली सी-फेस् वाला लव-सीन है न, वो वहाँ नो गुड्। साला मराठी लेखक वरली सी-फेस और जुहू को छोड़कर दूसरे लव-स्पाट पर जाता ही नहीं है। नो, नो, वी शिफ्ट दिस सीन कुल्लू...और ऊटी! मार्वेलस् पासिबिलिटीज़! कलर के लिए तो खासतौर पर मैग्निफिशन्ट। आइ टेल् यू!

[बेबी कर्वे की तरफ़ सिर्फ़ एकटक देख रही है।]

कर्वे : बेबी, तुम्हें कौन-सा स्पाट पसन्द है, ऊटी या कुलू?

बेबी : कोई भी।

कार्वे : नाट् देट्। कोई एक जगह पक्की करो। वी कैन गो टु एनी आफ़ दि टू! एक्सपेन्स भी वही। ज़्यादा से ज़्यादा दस-पाँच हज़ार इधर या उधर। बस्स! कमॉन बोलो!

बेबी : कुल्लू।

कर्वे : ओ.के.! *(एकाएक)* बेबी, दैट गिव्ज़ मी दि आइडिया।

[उसको बारीकी से देखता है।]

बेबी : *(घबराकर)* क्यों? क्या हुआ?

कर्वे : वाय् नाट् यू?

[बेबी और भी ज्यादा घबरा जाती है।]

कर्वे : तुम्हीं हिरोइन का करेक्टर क्यों न करो? स्टार-सिस्टम ने दिमाग़ ख़राब कर रक्खा है बड़े स्टार्स का! नये चेहरे... उन्हें चान्स देना होगा। बजट खटाक् से आठ-दस लाख डाउन, यू नो? प्राफ़िट का मार्जिन भी ज़्यादा। अलावा इसके, फेस्टीवल्स में अवार्डस्। हम तो बस, तुम्हीं को चान्स देंगे। बट् बेबी, प्रिज़र्व दी फार्म! वो रतजगा

वग़ैरा बन्द। मिनिमम् सेक्स लाइफ़! हम तुम्हें ब्रेक देंगे। यू विल बी ऑन दि टाप ऑफ दि वर्ल्ड, याह! *(जेबें टटोलकर)* साली सिगरेट्स ख़त्म हो गयी। बेबी, एकाध रुपया स्पेअर कर सकती हो? लेट् मी बाई सिगरेट्स। बग़ैर सिगरेट के इन्स्पिरेशन नहीं आती।

[मन्त्रमुग्ध-सी बेबी पर्स में से रुपया निकाल कर देती है।]

कर्वे : थैंक्स, बेबी। आया।

[जल्दी-जल्दी जाता है। बेबी अकेली बैठी है। स्वप्निल पृष्ठ-संगीत शुरू हो जाता है।]

[बेबी के घर के बाहर वाली कोठरी में राघव। उसे मिरगी आ रही है। पाँव फटफटा रहा है। ज़मीन पर पड़ा है।

शिवाप्पा बीड़ी फूँकता हुआ उसे चप्पल और प्याज सुँघा रहा है।]

[स्टूडियो-सेट पर बेबी अकेली।]

कर्वे : *(रिकार्डिड आवाज़ में)* तुम्हीं हिरोइन का करेक्टर क्यों न करो? ...हम तो बस, तुम्हीं को चान्स देंगे...टाप ऑफ दि वर्ल्ड...धरती की चोटी पर...नहीं, मुमकिन नहीं जान पड़ता। मगर नामुमकिन क्यों? वो...वो...भी तो एक्स्ट्रा से हिरोइन बनी थी। आज भी कई मिसालें मौजूद हैं। भूषण चन्दा के नावेल्स में हमेशा यही होता है। हरएक का अपना एक दिन होता है, आता है...क्या...नसीब का रंग नहीं बदलता? मैं भी...हिरोइन...सोचते हुए भी दिल धड़कता है...सच, मज़ा आ जायेगा...सब कैसे बदल जायेगा...एकदम नया...बहुत ग्रेट होगा...ग्रेट...ना कर्वे साहब, दुबारा न कहिए...मुझे आदत नहीं...आप सिगरेट के लिए रुपया माँगिए, मैं दूँगी...आप भले आदमी हैं, कर्वे साहब...

[राघव होश में आने लगता है। शिवाप्पा बीड़ी बुझाकर वहीं फेंक देता है। राघव को दीवार से टिकाकर बैठाता है। नयी बीड़ी जलाता है और चला

जाता है। जाते-जाते दरवाज़ा उढ़का देता है।]

[स्टूडियो-सेट। कर्वे सिगरेट जलाकर धुआँ छोड़ता हुआ आता है।]

कर्वे : एकदम पक्का! यू नो बेबी, एक और बात मेरे दिमाग़ में आयी है। मैं तुमसे कहूँ, सिगरेट पी रहा होता हूँ तो दिमाग़ मेरा आसमान पर होता है। आइडियाज़ घेर लेते हैं। हम भूषण चन्दा के इस नावेल के राइट्स ही खरीद लेंगे।

बेबी : *(हरखकर)* आ...ऽ...हम लोग उनसे मिलने जायेंगे? नहीं, कर्वे साहब, आप जाइए, मैं नहीं चलूँगी।

कर्वे : क्यों भई?

बेबी : कर्वे साहब, देवता दिमाग़ में रहे, इतना बहुत ही है। वो आदमी क्या-क्या लिख जाता है, कैसे लिख जाता है। सच! एक-एक वाक्य ऐसा सधा हुआ कि उसमें जीवन का निचोड़ उतर आता है। मैंने, कर्वे साहब, जीवन का अर्थ उसी की मदद से जाना।

कर्वे : तुम तो वाक़ई उसकी मुहब्बत में डूब-उतरा रही हो। भई, पढ़नी पड़ेगी उसकी एकाध चीज़। मगर तुमने जिस नावेल की कहानी सुनायी है न, वो बस हमने खरीद लिया। सटरडे को पैसा एक्सपेक्टेड है। रेसेज़ हैं न। हाथ में आते ही झटपट भूषण चन्दा को एडवान्स। वी मेक दिस फ़िल्म, बेबी! *(एक हाथ प्रतिज्ञा करने के अन्दाज़ में उठाकर)* कम् वाट् मे, ये कर्वे डिरेक्टर होके रहेगा। साली बहुत की शागिर्दी। पैंतीस पार हो गया, बेबी! अभी तक न शादी, न घर-बार, नथिंग। बोर्डिंग हाउस में पड़े हैं, पैसेज में खटिया डालकर। ये भी कोई लाइफ़ है!

बेबी : आपकी शादी नहीं हुई अभी तक, कर्वे साहब?

कर्वे : नहीं न...तुम्हारी?

बेबी : *(सिर झुकाकर किताब से खेलते हुए)* जी, यही समझ लीजिए कि नहीं।

कर्वे : समझ गया। यानी ताल्लुक़ात हैं, मगर शादी नहीं।

[बेबी शरमिन्दा किताब पर नाखून चला रही है।]

कर्वे : आजकल अच्छे-अच्छे घरानों की लड़कियाँ भी ऐसे ही जीती हैं। कोई बड़ी बात नहीं है बेबी, बुरा मानने वाली तो बिल्कुल नहीं। इट्स बिकमिंग ए फैशन नाऊ।

बेबी : *(संकोच से)* कर्वे साहब, अपने ही बस में तो...सब कुछ नहीं होता...है न?

कर्वे : राइट् यू आर! भला अपना बस चलते ऐसी लाइफ़ कौन माँगने चला है? मतलब तुम्हारे जैसी लड़की की... *(उसके कन्धे पर हाथ रख लेता है।)* बड़े घर की बेटियों की बात और है। आई फ़ील फ़ॉर यू, बेबी। तुम कुल मिलाकर अच्छी लड़की हो। *(उसकी हथेली थपथपाकर)* गुड् गर्ल, बेबी!

बेबी : *(नर्वस होकर)* शायद टेक शुरू हो रहा है।

कर्वे : *(उठकर)* होता ही होगा। साला सेट पर हाज़िरी बजानी पड़ेगी। मगर बेबी, मैं एक रोज़ तुम्हारे घर आऊँगा। *(भरपूर देखता है।)*

बेबी : *(नज़र टालने की कोशिश कर)* मेरे? ...वो भी कोई घर है?

कर्वे : वाटेवर् इट इज़। कब आयें, आज रात को?

बेबी : *(घबराकर)* आज? घर... *(थूक गटककर)* मैं बुलाऊँगी किसी रोज़, कर्वे साहब, आपको!

कर्वे : ओ. के., ओ. के.। कोई और आने वाला होगा तो आज नहीं सही। मगर मैं आकर ही रहूँगा किसी रोज़, बेबी! वो अपनी फ़िल्म के बारे में ज़रा शान्ति से डिस्कस करेंगे। *(बेबी को अर्थभरी निगाह से देखकर चला जाता है।)*

[बेबी सुन्न। सिर्फ़ होंठ फड़कते हैं। लेवल पर बैठ जाती है। आग्रहपूर्वक किताब खोलती है। बन्द कर देती है। बहुत-बहुत बेचैन है।]

[बेबी के घर की बाहर वाली कोठरी में राघव दीवार से टिका बैठा है। हाथ नचाता हुआ। बड़बड़ाता हुआ। छटपटाता हुआ।]

[स्टूडियो सेट पर।]

बेबी : ऐसा क्यों होता है। भूषण चन्दा, क्यों?

[अँधेरा!

जब उजाला होता है तो स्टूडियो नहीं दिखाई देता। बेबी पाँव घसीटती हुई अपने घर में घुसती है। पर्स, किताब और डबलरोटी पटककर भीतर जाती है। राघव को देखती है, पर नहीं रुकती। भीतर पहुँचकर मुँह पर पानी के छींटे मारती है। नहाने के चबूतरे की तरफ़ ध्यान जाता है जहाँ राशन के रीते झोले और कार्ड पड़ा है।

चाय की पतीली स्टोव पर चढ़ाती है। आईने के सामने खड़ी होकर जूड़ा खोलती है। बाँधती है। पाउडर लगाती है। बिन्दी सँवारती है।

बाहर वाली कोठरी में आती है। राघव को देखती है।]

बेबी : तुम यहाँ आके दिक करना सीख गये हो। राशन लाने को कहा था न तुमसे? नहीं लाये। सारी दुपहर सोते रहे होंगे! अब खाना क्या बनाऊँ, पत्थर? क्या पकाके खिलाऊँ तुमको? और मैं क्या खाऊँ? मेरे प्रान?

[राघव जैसा है, वैसा ही बैठा रहता है।]

बेबी : क्यों? क्या हो गया तुमको? *(बैठकर)* राघव, तबीयत ठीक नहीं? क्या कर रहे हो? क्या हो गया? राघव...!

[बेबी तरह-तरह से पूछती है। राघव हाथ नचाता है। बेबी उसकी लार पोंछती है। अब दिखाई पड़ता है बेबी को बीड़ी का टुर्रा। वह स्तम्भित हो जाती है। जकड़न से भर जाती है। राघव की ओर आँखें फाड़कर देखती है।]

बेबी : *(हलकी आवाज़ में)* राघव...शिवाप्पा आया था...?

(धीरे-धीरे अँधेरा)

अंक-दो

दृश्य-एक

**[रात के आठ बजे का समय।
बेबी आईने के सामने खड़ी हुई मेकअप कर रही है। गुनगुना रही है। राघव एक कोने में बैठा है। हाथ नचाता हुआ, बड़बड़ाता हुआ। अपने में मग्न।]**

राघव : बेबे, तुम गा रही हो!

बेबी : *(गुनगुनाना रोककर)* हाँ, राघव! *(गुनगुनाना जारी। रुककर)* एक दिन ऐसा भी आता है, जब कभी न गाने वाला गाना चाहता है। *(फिर मेकअप शुरू कर देती है हाथ रोक कर)* तब आदमी क्यों चुप रहे? खूब गाये, खूब नाचे। बेसुरा हुआ तो क्या हुआ! वो गाना दूसरों के लिए होता ही नहीं है। वह एक तरह की खुशी होती है, अपने लिए, अपनी होती है। मोर भी खूब नाचता है। मगर मोरनी भी तो नाचना चाहती ही है।

राघव : खुशी...?

बेबी : हाँ, खुशी? *(गुनगुनाती हुई भीतर जाती है। साड़ी बदलती है।)*

राघव : खुशी...? *(पगलैंटी हरकतें करता है।)*

बेबी : *(गीता की कड़ी ज़रा ऊँचे स्वर में गाने की कोशिश करती है, पर गा नहीं पाती। जरा रुककर)* सारी ज़िन्दगी आदमी बोझ तले क्यों कराहता रहे, क्यों कूँथता हुआ जिया करे? एक गुलाम भी कभी-न-कभी आज़ाद होना चाहता है। मैं आज़ाद हूँ!

राघव : वो अभी ज़िन्दा है, बेबे! आज़ाद होना चाहता है, हः!

बेबी : *(गुनगुनाना रोककर, भीतर वाली कोठरी में से)* राघव शिवाप्पा मर गया। एक हफ्ते पहले। है कोई पता उसका हफ्ते भर से? आया कभी खोज-खबर लेने कि मैं ज़िन्दा हूँ या मर गयी? बैठा होगा वहाँ अपनी औरत के सिरहाने। पड़ी है न वो अस्पताल में आखिरी साँसें गिनती। ज़िन्दगी-भर उसको सताया किया शिवाप्पा, और अब उसके सिरहाने बैठ के राह देख रहा होगा कि कब मरती है। रुपये मँगाने को आदमी भिजवाया। उसको कहाँ समय था कि खुद आता। *(बाहर आकर)* राघव, मुझे उसकी बीवी के बारे में ऐसा नहीं कहना चाहिए था, है न? उस बेचारी का क्या दोष? अपनी दुश्मनी तो अपनी किस्मत से ही होती है। किसी और को दोष क्यों दें? मगर मैंने अब तै कर लिया है, राघव, मैं अपनी ज़िन्दगी बदल के रहूँगी! अपन दोनों की ज़िन्दगी बदल के रहूँगी। *(बिछौना ठीक करती है।)*

राघव : बेबे...!

बेबी : एक हफ्ते पहले जो हुआ, सो हुआ। दुबारा वो नहीं होने वाला।

राघव : पर शिवाप्पा? ...हैवान है वो...!

बेबी : *(थूक निगलकर)* हुआ करे। राघव, अगर इनसान चाहे तो हैवान को भी हरा दे। आत्मा में बल होना चाहिए, बस्स! मेरी आत्मा साफ-सुथरी है। शिवाप्पा का बदन उसे छूके गन्दा नहीं कर पाया।

राघव : चीर के दो कर देगा तुमको और मुझको वो शिवाप्पा, अगर उसको पता चल जाये तो।

बेबी : मुझे कर दे तो कर दे। अपनी ज़िन्दगी को सँवारते हुए अगर मैं मर जाऊँ तो भी स्वर्ग में जाऊँगी। डर किस बात का! *(फिर भी ज़रा डर गयी है।)* मिसल है न, कि मरी मुर्गी को अंगार का क्या डर! ऐसा कौन-सा सुख पाया हमने जो मरते वक़्त दुख हो? बोलो, पाया कभी?

राघव : बेबी, ये तुमसे निभने वाला नहीं है। ऐन मौके पर सिरपे

पाँव रखके भागोगी। मुझे देख ही रही हो...ज़िन्दा लाश हूँ...ज़िन्दा क्या, मरी ही हुई। और वो एकदम बेरहम... अकेली पड़ जाओगी।

बेबी : राघव, मैं अकेली नहीं हूँ।

राघव : अकेली नहीं हो?

बेबी : दुनिया में कोई अकेला नहीं होता। ज़रूरत तो इस चीज़ की है कि हम अपने दूसरों को ढूँढ़ें। वो ढूँढ़ना आना चाहिए, भूषण चन्दा ने एक जगह लिखा है। वो कहते हैं—'प्रेम की दिव्य दृष्टि से खोज करो।'

राघव : बेबे, जो कर बैठी हो एक मर्तबा, वो तो खैर होई चुका है। मगर उसे ऐसे तोड़ने की कोशिश मत करना। जान पर आ बनेगी।

बेबी : तब देख लूँगी। मुझे मत घसीटो, राघव! मेरा मन सारे बन्धन काट चुका है। अब तो सिर्फ़ आगे बढ़ना है। पीछे कोई रास्ता नहीं है। जो था, वो पुँछ गया है। मैं शिवाप्पा को समझाऊँगी अच्छे शब्दों में समझाऊँगी। न बकझक करूँगी, न गाली दूँगी। मैंने उससे कुछ भी नहीं लिया है, सुतली का एक टुकड़ा तक नहीं। उलटे, आज तलक उसकी बीवी की बीमारी का खर्चा उठाती रही, और कभी शिकायत तक नहीं की। खर्चा उठाने को तो मैं आज भी तैयार हूँ, अगर चाहूँ। लेकिन मैंने अब ठान लिया है कि अगर जीना है तो अपने मन से, अपने ढंग से जीऊँगी। मैं उससे साफ-साफ कह दूँगी, राघव। बगैर खफ़ा हुए एकदम शान्ति से।

राघव : *(हाथ नाचता हुआ, काँपता हुआ बड़बड़ाता हुआ)* मरोगी, एड़ियाँ घिस-घिसके...!

बेबी : मर भी जायें तो क्या! मैं उससे नहीं डरती। आज तो वो यों भी नहीं आयेगा। बीवी के मरने से पहले वो मुड़के भी नहीं देखेगा इस तरफ़।

राघव : तो फिर ये तुम्हारा...ये सिंगार-पटार...?

बेबी : *(खिलकर)* आज कर्वे साहब आने वाले हैं।

राघव : कर्वे...?

बेबी : अरे हाँ, तुम कहाँ उनको जानते हो? है न? स्टूडियो में असिस्टेंट डाइरेक्टर हैं। बहुत भले आदमी हैं। और खूब इण्टेलिजेण्ट हैं। मुझसे बहुत अच्छा सलूक करते हैं।

राघव : यहाँ क्यों आने वाले हैं?

बेबी : *(ज़िद्दी स्वर में)* राघव, वो मेरा मामला है।

[राघव एकदम चुप हो जाता है। फिर बड़बड़ाने लगता है। हाथ नचाने लगता है।]

बेबी : मैंने ही उनको घर बुलाया है। उनके आते ही तुम रोज़ की तरह बाहर सोने चले जाना। और ठहरो! *(भीतर वाली कोठरी में जाती है। एक सिरे पर रखी कुछ पूड़ियाँ खोलती है और एक थाली में थोड़ी-थोड़ी चीज़ें सजाती है।)*

[बाहर वाली कोठरी में राघव अपसेट हो जाता है। बाहर आकर बेबी थाली को राघव के सामने रखती है।]

बेबी : तुम अभी ही खा लो।

राघव : *(बिगड़कर)* नहीं चाहिए। मेरी भूख मर गयी है। आँखों में बल पड़ गये हैं, बल...! *(एक झटके में अपना बिछौना उठा कर चलता बनता है।)*

[बेबी पर कोई असर नहीं पड़ता। थाली उठाकर भीतर रख देती है। बिस्तरा ठीक करती है। दरवाज़ा खींच लेती है। गुनगुनाती है–प्रतीक्षा का गीत। फिर किताब निकालती है। पढ़ने की कोशिश करती है। मन नहीं लगता। अब सिर्फ़ प्रतीक्षा करती है।]

बेबी : *(रिकार्डेड आवाज़ में)* भूषण चन्दा, वो आयेंगे न? कि नहीं आयेंगे? कहा तो था कि ज़रूर आयेंगे। कब से पीछे पड़े थे कि आज आऊँ, कल आऊँ। आज ज़रूर आयेंगे। आज की रात मेरी रात होगी, भूषण! आज मैं आज़ाद हूँ। आज मैं बहुत प्यार से जिऊँगी, भूषण जैसे तुम्हारे नावेल्स में हीरोइनें अपने हीरो के साथ जिया करती हैं। ठीक उसी तरह! डूबकर और बेझिझक। आज मेरी सर्वस्व खिल आया है। अपना सर्वस्व मैं आज अपने

देवता के चरणों में अर्पित कर दूँगी। *(गुनगुनाते हुए ज़रा ज़रा नाचना शुरू कर देती है, जैसे फ़िल्मों में इस अवसर पर प्रायः किया जाता है। धीरे-धीरे अन्धकार।)*

[घड़ी की टिक-टिक की आवाज़। पृष्ठभूमि में प्रचंड छाया-कृति। बीचों-बीच मरणोन्मुख पत्नी के पलँग के करीब घुटनों को बाँहों में समेटे, माथा थामे, कुर्सी पर झुका बैठा शिवाप्पा अब दिखाई पड़ता है। पलँग के इर्द-गिर्द ऑक्सीजन, सेलाइन इत्यादि का ढेर।

घड़ी की टिक-टिक तेज़ हो जाती है। शिवाप्पा पत्थर की मूर्ति बना बैठा है। अन्धकार।]

[रोशनी बेबी पर। वह उत्सुक, आतुर, बेचैन। हार्मोनियम-तबले की संगत पर चलते सस्ते संगीत की आवाज़। कर्वे बाहर से आता है झिझकता हुआ। पहले नज़र दौड़ाकर मकान देख लेता है। फिर इधर-उधर देखता है। अपने कपड़े ठीक करता है। दरवाज़े पर दस्तक देता है।

भीतर बेबी चौंक उठती है। साँस रोककर खड़ी हो जाती है।

कर्वे दुबारा दस्तक देता है।

बेबी खिंची-सी दरवाज़े तक जाती है। और ऐसे रुक जाती है जैसे किसी ने पीछे से डोर खींच ली हो। आखिरकार दरवाज़ा खोलती है।]

बेबी : *(अपने को गौरवान्वित अनुभव कर)* कौन? कर्वे साहब? आइए, आइए न! आप ही का इन्तज़ार कर रही थी।

[कर्वे भीतर आता है। आते-आते दरवाज़ा उढ़काता है। बेबी पर एक अनिवार्यता जैसे जादू कर रही है। वह अपने को सँभालती है।]

बेबी : मकान ढूँढ़ने में मुश्किल तो नहीं हुई आपको? मुझे डर था!...

कर्वे : *(जहाँ खड़ा है, वहीं से सारे मकान का जायज़ा लेता है। ज़रा और भीतर को जाकर)* घर में कोई और है?

बेबी : कोई नहीं। मैं ही हूँ। यानी हम लोग। *(जैसे खुद विश्वास न कर पा रहा हो।)* सच! *(अपने को सँभाल रही है। कर्वे उसको देख रहा है।)* मैं आज बहुत खुश हूँ। मुझे लगता है कि... *(फिर सँभालकर)* मैं नाचूँ, घुटनों के बल चलूँ, आपका हाथ...!

कर्वे : क्या?

बेबी : *(कहना तो चाहती है 'चाटूँ', मगर उस सेन्सेशन को रोककर)* कुछ नहीं। खूब हँसूँ...यहाँ तक कि पेट में बल पड़ जायें।

कर्वे : *(सावधानी से)* कोई आने वाला तो नहीं है?

बेबी : मुझे मालूम था कि आप आयेंगे, पर जाने क्यों मन को भरोसा नहीं था। ऐसे ही। देखिए न, कैसा अजीब होता है आदमी का मन! *(उसके करीब जाकर खड़ी हो जाती है।)*

कर्वे : क्यों? क्या हुआ?

बेबी : जी, कुछ नहीं। मुझे लगा आप बुश्शर्ट उतार रहे हैं। उतारिए न! इसे अपना घर जैसा समझिए। *(सँभलकर)* नहीं चाहें तो बाद में उतारिए!

कर्वे : कोई बाद में तो आने वाला नहीं है?

बेबी : *(अपने ही नशे में)* जी? बैठिए न, चारपाई है।

[कर्वे धीमे से जाकर चारपाई पर बैठ जाता है। चौकन्ना।]

बेबी : पाँव चाटूँ? नहीं, पाँव दाबूँ? दुखते होंगे!

कर्वे : नहीं। भई, ऐसा कुछ मत करो। बैठ जाओ। बैठो न यहाँ। *(अपने करीब हथेली से चारपाई की गद्दी थपथपाता है।)*

बेबी : *(एक षोडशी के शरमीले उत्साह से उसके पास बैठकर)* जी! पान, सिगरेट?

कर्वे : भई, तुम हमको समझ क्या रही हो? बेबी, हम अभी डाइरेक्टर नहीं बने हैं।

बेबी : *(ज़रा निराश होकर)* नहीं, मैंने उस मतलब से नहीं कहा। आप आये हैं, यही मेरी सबसे बड़ी खुशी है। आप नहीं

समझेंगे। एक अरसा हुआ, यहाँ कोई आया ही नहीं इस तरह!

कर्वे : अच्छा!

बेबी : जी! आप जैसा। कैसा। कैसा नया-नया-सा लगता है! कितना अच्छा! बताइए, मैं क्या करूँ आपकी ख़ातिर? यह आपका ही घर है। यही समझिए!

कर्वे : वो तो धीरे-धीरे ही समझूँगा। एकदम कैसे समझ लूँ? *(पाँव पसारता है।)* हूँ! तो ये है तुम्हारा घर।

बेबी : आपके लिहाज़ से तो बुरा है!

कर्वे : *(उसे हलके से छूकर)* ऐसा मत कहो, बेबी! अपना घर अपने को प्यारा लगता है। अच्छा है तुम्हारा घर। यानी घर तो है। नहीं तो हमारे सितारों के घर! वर्चुअल म्यूज़ियम्स! साला सवाल पड़ता है कि कहाँ हाथ रखें! सिगरेट...?

[बेबी खुश होकर पहले से लाकर रखे पैकेट में से एक सिगरेट निकालकर पेश करती है। अपने हाथ से दियासलाई जलाकर उसकी सिगरेट सिलगाती है। उससे सिगरेट जलाते नहीं बनती। तब कर्वे खुद अपने हाथों से जलाता है। बेबी का उत्साह ज़रा ठण्डा पड़ जाता है।]

कर्वे : *(सिगरेट का एक कश मारकर)* तो यहाँ रहती हो तुम! मैं बहुत दिनों से यह सवाल अपने से करता रहा कि...

[बेबी ज़मीन पर बैठकर उसके जूते के फीते खोलना शुरू कर देती है।]

कर्वे : नो-नो...लेट् मी डू दैट... *(खुद ही जल्दी-जल्दी उतारकर एक तरफ़ रख देता है।)*

[कर्वे को अपने हाथों जूते उतारना बेबी को अच्छा नहीं लगता।]

कर्वे : ये लो...कौन-सा बड़ा काम है! *(बेबी का उतरा हुआ चेहरा देखकर)* रोज़ आदत है न! हमारे यहाँ कौन रक्खा है जो ये करे। और एक अभ्यास है पुराना, बपचन से किया हुआ। कभी भूल हो जाती है तो दिन-भर बात

खाली रहती है। अपने हाथों अपना काम निबटाना अच्छा होता है।

[बेबी मौन। किंचित उदास। मन में ज़रा नाराज़।]

कर्वे : *(सिगरेट पीते हुए)* कौन-कौन है घर में? क्यों?

बेबी : मैं और राघव।

कर्वे : *(शंकित होकर)* राघव? वो कौन सा'ब हैं?

बेबी : जी, भाई है मेरा।

कर्वे : अच्छा! सगा भाई है? या ऐसे ही...माना हुआ?

बेबी : सगा भाई है।

कर्वे : अचरज की बात है। बात यह है कि सम हाऊ ऑर अदर, मैं मान ही नहीं सकता था कि तुम्हारे भाई भी है, सगा! कहाँ है वो?

बेबी : बाहर सड़क पर सोता है...वो। यहीं कहीं होगा।

कर्वे : आई सी। *(संशय से)* और कोई?

बेबी : जी, और कोई नहीं।

कर्वे : माँ...बाप...?

बेबी : *(सिर हिलाकर)* नहीं हैं।

कर्वे : कोई...धनी-धोरी, करता-धरता, मालिक... *(बेबी की ओर देखकर)* कोई नहीं...हो भी तो कोई गलत बात नहीं है। आखिर दिस इज़ लाइफ! लाइफ इज़ हार्ड बेबी, आई टेल! यू! *(उठकर उसके करीब जाकर)* आज तुम एकदम अलग दिखाई दे रही हो। *(उस पर निगाह देता है।)*

बेबी : *(खुश होकर लेकिन अपने को सँभालकर)* अलग मानी?

कर्वे : घरेलू, फ्रेश्! ऐसा कोई मोमेण्ट आता है तो मन करता है कि आदमी का एक घर होना चाहिए, एक गिरस्थी होनी चाहिए। एक बीवी... *(बेबी के मुँह पर ढेर सारा धुआँ उगलकर)* बच्चे...मगर पुसाता नहीं है साला! फ़िल्म लाइन का ढर्रा तुम जानती ही हो। लेकिन तुम अच्छी हो, बेबी। कोई आने वाला न हो तो दरवाज़ा बन्द कर दो!

बेबी : *(जाकर दरवाज़ा बन्द कर देती है।)* कोई नहीं आयेगा। *(दरवाज़े से टिककर)* आज की रात हमारी है कर्वे साहब!

(उसके करीब आकर आवेगपूर्वक उसके पाँव चूमती हुई) आज मैं आज़ाद हूँ! आज़ाद हूँ! कर्वे साहब मुझसे कहिए कि मैं क्या करूँ। कहिए न आपकी क्या सेवा करूँ? मैं आपकी दासी हूँ कर्वे साहब...कर्वे साहब, मुझे मारिए न...मुझे...मुझसे कुछ कराइए न...!

कर्वे : *(चकराया हुआ। बेबी के बाल सहलाकर)* बेबी, माई स्वीट बेबी! माई स्वीट बेबी!

बेबी : *(दूर होकर)* चाय बनाऊँ! या पान?

कर्वे : जल्दी किस बात की? मैं तो रात गुजारने के इरादे से ही आया हूँ। कोई और तो आने वाला नहीं है न! तो फिर ठीक है। वी हैव् एम्पल टाइम? हर काम ऐसे, धीरे-धीरे करना चाहिए...तबीयत से...एक आर्डर में...बहुत मज़ा आता है। जल्दबाजी अपने को रास नहीं आती। व्हाई डौण्ट वी चैट फॉर ए व्हाईल, बेबी अँ?

बेबी : हम एक मज़ेदार चीज़ लाये हैं।

कर्वे : अच्छा? वो क्या?

बेबी : पहचानिए!

कर्वे : क्या चीज़ हो सकती है; भई?

बेबी : नहीं पहचाना? चू-चू...!

कर्वे : चू-चू?

बेबी : हूँ! चू-चू...

कर्वे : *(गुदगुदी महसूस कर)* चू-चू! चू-चू क्या चीज़?

बेबी : चू-चू (हिस्टिरिक होती हुई) चू-चू! चू-चू! नहीं पहचान पाये? बिल्कुल नहीं?

[हँसती हुए भीतर जाती है और शराब की बोतल और गिलास लेकर आती है।]

कर्वे : माई गॉड! शराब? *(बोतल हाथ में लेता है। देखकर)* ओ बेबी; बेबी, नॉट बैड! मैं ही लाने वाला था, पर जल्दी-जल्दी में भूल गया।

[बेबी भीतर जाकर खाने का सामान तश्तरियों में रखकर लाती है।]

कर्वे : नॉट बैड, नॉट बैड! सोडा? सोडा है?

बेबी : अँ? नहीं।

कर्वे : भई, मँगवाओ किसी से। *(फिर समझकर)* ऑल राइट! पानी चलेगा। बर्फ?

बेबी : *(उदास होकर)* ब...र्फ...?

कर्वे : नान्सेन्स! शराब है और बर्फ नहीं! ऑल राइट! फिर भी चलेगा। समथिंग इज़ आल्वेज़ बेटर दैन बिल्कुल नथिंग। चलो, यहाँ तक तो खूब अच्छा रहा। ये घर, तुम, हम, बगल में मधु-मदिरा का पात्र! जवाँ रात। बस्स! तुम ऐसे बैठो, बेबी! ये घर नहीं है। *(अधखुली आँखों से चारों तरफ़ देखकर जैसे कैमरे में देख रहा हो।)* ये शाही महल है, शीशमहल! तुम शहज़ादी और ये शराब! एकाध ठुमरी बिलासखानी...!

बेबी : *(खिलकर)* कितना अच्छा है ये, कर्वे साहब...!

कर्वे : रुको, मैं गिलास में डालता हूँ।

बेबी : *(कर्वे का हर एक्शन जैसे आँखों से पीती है। रिकॉर्डेड आवाज़ में)* कितने अच्छे बोलते हैं आप, कर्वे साहब! कितने अच्छे हैं आप, सच! आज मैं अपना सर्वस्व आपके चरणों में अर्पित कर दूँगी। आप मेरे देवता हैं, कर्वे साहब! आपके कारण आज मैं आज़ाद हूँ! भूषण चन्दा, आखिर वो दिन आज आया है। आपके नावेल्स की मदभरी रंगीन रात! मुझसे सही नहीं जाती ये खुशी, भूषण चन्दा! लगता है...आपके चरणों में बिछ जाऊँ...!

[कर्वे बेबी को गिलास पकड़ाता है। इन पर रोशनी मद्धिम हो जाती है।

[सन्नाटा। घड़ी की टिक-टिक। पृष्ठभूमि में छायाकृति। आखिरी दम लेती बीवी के पलँग के नज़दीक चुपचाप बैठा प्रचण्ड शिवाप्पा। घुटनों को बाँहों में समेटे। घड़ी की टिक-टिक।

[कर्वे हौले से बेबी के कन्धे पर बाँह रखता है। बेबी उसके गिलास से पीती है। हँसती खिलखिलाती है। एकदम बड़ा घूँट पीती है। ज़ोर से खाँसती है।]

कर्वे : नो बेबी, एकदम इतनी?

बेबी : *(खाँसी पर काबू पाकर)* मुझे आदत है...

कर्वे : पर अच्छी नहीं : कुछ भी हो, हमें आदत का शिकार नहीं होना चाहिए। ड्रिंक स्लोली। जस्ट ए सिप्!

बेबी : जैसा आप कहें, कर्वे साहब! *(एक दो बार सिप करके)* कर्वे साहब! *(चारपाई पर खड़े होकर एकदम एक पोज़ लेती है। कर्वे चकराकर देखता रह जाता है। बेबी हँसती है।)*

कर्वे : *(हँसने की कोशिश करके)* बड़ा मज़ा है!

[बेबी दूसरा पोज़ लेती है। हँसती है।]

कर्वे : बहुत अच्छे! गुड फिगर! नाइस एंगल!

[पृष्ठभूमि में शिवाप्पा की प्रचण्ड छायाकृति जिसमें वह बीवी के पलँग के पास निश्चल बैठा है, धुँधली होकर दिखाई पड़ती है।

[बेबी दो और पोज़ लेती है। कर्वे 'साइलेन्स', 'स्टार्ट' 'शूट' आदि स्टूडियो के आर्डर्स का उच्चारण करता हुआ काल्पनिक कैमरे के मनगढ़न्त एक्शन्स करता है। बेबी गिलास उठाकर मुँह से लगाती है और एक साँस में खाली कर देती है। चकित होकर कर्वे देखता रह जाता है। बेबी को खाँसी आ जाती है।]

कर्वे : *(डरे हुए स्वर में)* बेबी, यू आर ए ग्रेट ड्रिंकर। जानती हो, इससे क्या होगा? अँ? रख दो गिलास। लाओ, इधर दो। *(गिलास लेकर दूर रख देता है।)* तुम भी एक ही तमाशा करती हो! इसको पीना कहते हैं।

बेबी : मुझे आदत है।

कर्वे : छोड़ दो उसे। पियो, तो ज़रा मज़ा लेने के लिए पियो। ज़्यादती करोगी मज़े के साथ तो कैसे चलेगा? आओ, इधर बैठो!

[बेबी बेहोश-सी उससे लिपट जाती है। कर्वे इसकी उम्मीद नहीं कर रहा था। वह गिरने को होता है। बेबी 'कर्वे साहब...कर्वे साहब...' बड़बड़ाती है। कर्वे सँभलकर अपने को उससे दूर करने की कोशिश

करता है। मुश्किल से मुक्त हो पाता है। ज़ोर-ज़ोर से साँस लेता है, लगभग हाँफ रहा है।]

कर्वे : नो बेबी, नो, ज़रा सबर से...

बेबी : *(कर्वे के पाँव के करीब लौटकर उसके पाँव चाटती हुई)* ऊँ...ऊँ!

[कर्वे घबराकर और परे हटता है। बेबी बेकाबू! कर्वे अब अच्छा-खासा घबराया हुआ। बड़बड़ाता है : 'नो, बेबी, नो...ओह गाड्! बेबी, पहले यहाँ बैठो। बेबी...'

बेबी हिस्टिरिक हो चुकी है। कर्वे डेस्परेट। लगभग फार्सिकल सीन।

आखिरकार थका-हारा कर्वे निराश होकर कोने में रखे एक स्टूल पर उकड़ूँ बैठ जाता है।

बेबी अब बिल्कुल बेकाबू!

धीरे-धीरे अन्धकार। कुछ क्षण अन्धकार बना रहता है।]

[पृष्ठभूमि में फिर छायाकृति दिखती है। दिखती है शिवाप्पा की बीवी की लाश पलँग पर रखी। शिवाप्पा की कुर्सी खाली। लाश का मुँह ढँका हुआ। इतना सन्नाटा कि पिन भी गिरे तो आवाज़ हो।

कुछ क्षणों तक सिर्फ़ छायाकृति दिखाई पड़ती है।]

[निचले दृश्य में बेबी का नशे में धुत्त चेहरा। उसके बाद सम्पूर्ण दृश्य।

कर्वे स्टूल पर पहले की तरह बैठा हुआ सिगरेट का टुर्रा पी रहा है। डेस्परेट!

बेबी ज़मीन पर बेहोश पड़ी है। बड़बड़ाती है। जब उपर्युक्त दृश्य दिखाई पड़ता है तब शिवाप्पा की बीवी की लाश की छायाकृति धुँधली हो जाती है। सन्नाटा! पहले की भाँति!

अब कर्वे सिगरेट बुझाकर अपनी जगह से उठता है। बेबी की तरफ़ देखता हुआ चारपाई की ओर जाता है। जूते पहनता है। बुश्शर्ट के बटन टटोलता है।

कपड़े ठीक करता है। जाने के इरादे से दरवाज़े की ओर मुड़ता है। जैसे कुछ भूल रहा है, अचानक याद करके हाथ फैलाकर सिगरेट का पैकेट जो बेबी उसके लिए लायी थी, उठाकर जेब के हवाले करता है। दुबारा बेबी की ओर देखता है।]

कर्वे : अजीब मामला है...ओफ! टेरिबल...!

[दरवाज़े की तरफ़ क़दम बढ़ाता है। इतने में दरवाज़े में दस्तक। साँकल भी बज उठती है। बाहर अँधेरा होने के कारण दर्शकों को यह नहीं दिखाई पड़ता कि कौन आया है।]

शिवाप्पा : *(शराब के नशे में डूबी हुई आवाज़ में)* बाबी...बाबी... दरवाज़ा कोल...!

[कर्वे का दिल धड़कता है। वह पीछे सरकता है। धीरे-धीरे कर्वे की यह हालत हो जाती है जैसे किसी जानवर को बन्द कर दिया गया हो। बुरी तरह पसीना छूटता है।

दरवाज़े पर दस्तक! साँकल बजने की आवाज़।]

शिवाप्पा : बाबी, दरवाज़ा कोल! बाबी, अम है...कोल...!

[कर्वे की समझ में नहीं आता कि क्या किया जाये। वह जैसे-तैसे भीतर वाली कोठरी की दिशा में जाता है। आखिरी सिरे तक जाकर देखता है कि भागने के लिए पिछला दरवाज़ा है या नहीं। ऐसा कोई दरवाज़ा नहीं है।

शिवाप्पा नशे में धुत्त स्वर में बार-बार पुकारता है। दरवाज़े पर ज़ोरों से दस्तक देता है।]

शिवाप्पा : कोलती नईं...कोल...अम है, अम, शिवाप्पा!

[अब कर्वे का साहस जवाब दे चुका है। बेबी को हिला-हिलाकर उठाने की कोशिश करता है।]

कर्वे : बेबी...ए बेबी...कोई आया है...देखो, कौन आया है...?

[बेबी होश में नहीं आती।

कर्वे बेतहाशा घबराया हुआ। दरवाज़े के बाहर शिवाप्पा भी बेकाबू। उसके स्वर का तीखापन बढ़ता

जाता है, साथ ही दरवाज़े पर धक्के की आवाज़! कर्वे दौड़कर पानी भरा गिलास लाता है और बेबी के मुँह पर उड़ेलता है। बेबी ज़रा आँखें खोलती है।]

कर्वे : उठ बेबी, पहले उठ! कोई आया है...कहर हो गया साला, मरे अब...उठ...अब कहाँ जायें...बेबी...*(उसे झकझोरकर)* उठती है कि नहीं? साली इधर जान जाने की नौबत आ गयी...उठ...!

[अब बेबी को शिवाप्पा की आवाज़ सुनाई पड़ती है। दरवाज़े पर दिये जा रहे धक्के सुनाई पड़ते हैं। उस हालत में भी एकदम उठ बैठती है।]

बेबी : शिवाप्पा...!

कर्वे : हाँ! कौन है वो? भाई तो नहीं है न तुम्हारा? मैं क्या करूँ? पीछे दरवाज़ा है? पहले जवाब दो, बैठी मत रहो। *(अपार भय के कारण कर्वे निर्दयी हो उठा है। बाँह पकड़कर उसे जबरन खड़ा कर देता है। बाहर शिवाप्पा की धुत्त पुकार!)* बोल बेबी...देख रही है साली...याँ मौत घेरे हुए है...*(दो-एक तमाचे जड़कर)* होश में आ...बोल, मैं क्या करूँ?... बोलती क्यों नहीं है, रण्डी...!

बेबी : *(ज़रा होश में आकर बड़बड़ाती है।)* शिवाप्पा...शिवाप्पा...! *(कुतिया की बोली बोलती है। जीभ लटकाकर तीर की तरह दरवाज़े की ओर दौड़ती है।)*

[कर्वे भी उतनी ही फुरती से भीतरवाली कोठरी में जा छिपता है। बेबी दरवाज़ा खोलती है।

शिवाप्पा की बीवी की लाश की छायाकृति अब पूरी तरह से अदृश्य हो चुकी है। शिवाप्पा जैसे-तैसे भीतर आता है, खड़ा हो जाता है। बहुत पिये हुए है। मर्मान्तक व्यथा से घायल है। ठीक से देख नहीं पाता है।

बेबी धरती पर हथेलियाँ टेककर कुतिया बनकर शिवाप्पा के पाँव चाटती है। 'शिवाप्पा, शिवाप्पा!' बड़बड़ाती है।

शिवाप्पा पर इसका कोई असर नहीं होता। लड़खड़ाते कदमों से वह चारपाई पर जा बैठता है। पीछे से आती है बेबी, कुतिया बनी हुई।]

शिवाप्पा : गंगाम्मा मर गयी बाबी, गंगाम्मा मर गयी। मर गयी गंगाम्मा! कतम हो गयी। जल के राक हो गयी। आँक कवड़ी मापक। अइसा लटकेला। गंगाम्मा का मुड़दा हो गया। लकड़ी का मापक आत। वैसाच पाव। सास बन्द। गंगाम्मा मर गयी। गंगाम्मा कतम हो गयी। अमारी गंगाम्मा मर गयी। *(सीना पीटता है। चीत्कार कर उठता है। चारपाई पर गिर जाता है। बेहिसाब चिल्ला-चिल्लाकर रोता है।)* गंगाम्मा...गंगाम्मा...।

[बेबी उसके पायताने! निस्तब्ध! कुतिया की तरह दोहरी।]

शिवाप्पा : बत्तिस बरस मेरा साथ दिया गंगाम्मा। मेरा गर बसाया ओ। मेरा सब गुन्हा माप किया। मैं दारू पीके मारा उसको। ओ तकरार नईं किया। आदी रात को मेरा उलटी साप किया। हगा-मूता दोया। मेरा बच्चा को बड़ा किया। उलटके नईं बोला कबी। गंगाम्मा! मैंने उस्को बोत सताया, ओ देबी-माता ता। सती-अम्मा के मापक। मेरे को चोड़के चली गयी गंगाम्मा। तू किदर गयी गंगाम्मा, मेरे को अकेला चोड़ के? मैं कइसे जियेंगा? गंगाम्मा, तुम अमारा मा था। मैं किदर जायेंगा, मैं क्या करेंगा? ...*(उसकी होश नहीं कि कैसे अपने पर काबू पाया जाये। रो रहा है, छटपटा रहा है।)*

[बेबी चारपाई के पास पहले की तरह। निश्चल। कर्वे छिपा हुआ। अपनी जगह पर काठ बना हुआ। बाहर अँधेरे में राघव खड़ा हो जाता है। पागल की तरह हाथ नचा रहा है। लगता है, बदन के कपड़े फाड़ देगा! पागलों जैसी आत्ममग्न हँसी हँसता है। बेबी धीरे-धीरे दो पाँव पर खड़ी हो जाती है। तनकर।]

बेबी : *(मज़बूती से)* शिवाप्पा, अब आये हो तुम! जब औरत

मर गयी, तब यहाँ की याद आयी तुमको! और यहाँ आके भी बीवी के नाम से रोते हो। तुम्हें इस बात की फिकर नहीं है कि मैं ज़िन्दा हूँ या मर गयी। मुझे तुम्हारी बीवी पर गुस्सा नहीं आता, उसकी बीमारी में मैंने रुपये की मदद दी है। मैयत को रुपया चाहिए हो तो दूँगी। मगर आगे से तुम मेरे घर में कदम मत रखना।

[शिवाप्पा का रोना-पीटना थम जाता है।]

बेबी : आज से मेरा-तुम्हारा रिश्ता ख़त्म। तुम्हारा क्या है, तुम दस लड़कियाँ हासिल कर सकते हो। सवाल तो असल में मेरा है। पर मैं अपना निबट लूँगी। मेरा तुमसे अब कोई वास्ता नहीं।

[शिवाप्पा धीरे-से सिर उठाता है और बैठ जाता है।]

बेबी : आज से तुम आज़ाद हो, शिवाप्पा! और मैं भी आज़ाद हूँ।

[शिवाप्पा उसे नशे से बोझिल आँखों से घूरता है। बेबी क्षण-भर घबराती है। मगर थूक निगलकर अपने में साहस भरती है।

शिवाप्पा खड़ा है। झूम रहा है, बेबी तक जाता है। उसे बिल्कुल नज़दीक से देखता है।

अपनी जगह खड़ी बेबी काँप उठती है। फिर साहस भरती है। शिवाप्पा लड़खड़ा रहा है।]

शिवाप्पा : *(बड़बड़ाता हुआ)* मेरा अऊरत मर गया और तू...ये मजाल!

[शिवाप्पा सिर उठाकर नशे की बुझी आँखों से सारे घर को देखता है और लड़खड़ाता हुआ भीतर वाली कोठरी की ओर चल देता है।

बेबी अपनी जगह, जैसे काठ मार गया हो।

शिवाप्पा इधर-उधर कई चीज़ें गिराता हुआ भीतर वाली कोठरी में पहुँचकर बीचोंबीच खड़ा हो जाता है। पास की किसी चीज़ को उठाकर ज़मीन पर ज़ोर से गिराता है। उसका क्रोध फट पड़ता है। और उसकी निगाह की पकड़ में कर्वे आ जाता है।

कर्वे की जान सूख जाती है। दोनों आमने-सामने। शिवाप्पा बड़बड़ाता हुआ जाकिट की जेबें टटोलता है। माचिस ढूँढ़ता है। निकालकर दियासलाई जलाता है। कर्वे के मुँह तक ले जाता है। उसको भरपूर देखता है। दियासलाई बुझ जाती है। उसे फेंककर बड़बड़ाता है; "अच्छा...!" जरा देर वहीं खड़ा रहता है। निस्तब्ध। फिर लड़खड़ाता हुआ बाहरवाली कोठरी में आता है।

बेबी दो कदम आगे बढ़ती है।

शिवाप्पा उसे नशे में डूबी आँखों से देखता है। उसकी आँखों में अब व्यथा उतर आयी है।]

शिवाप्पा : *(गहरी नफरत से)* कुतिया!

बेबी : *(पल-भर को पिटकर, घबराकर और फिर बेरोक स्वर में)* किसने बनाया? तुम्हीं ने!

[शिवाप्पा उस हालत में भी झपटकर बेबी के बाल मज़बूती से पकड़ लेता है और एकटक बेबी को देखता है।]

बेबी : नहीं, शिवाप्पा! मुझे ऐसा बनाया मेरी किस्मत ने। तुम्हारा क्या दोष?

[शिवाप्पा बेबी को ज़ोर से ढकेलता है। घायल जानवर की तरह बेचैनी से कोठरी भर में चक्कर लगाता है। लगता है किसी भी क्षण गिर पड़ेगा। जैसे-तैसे बीड़ी जलाता है। एकाध कश मारकर फेंक देता है।

पृष्ठभूमि में अब शिवाप्पा की बीवी की खाट पर लेटी लाश की छायाकृति है।

एक कोने में रखी शराब की बोतल शिवाप्पा को दिखायी दे जाती है। उठाकर बोतल में झाँककर देखता है। मुँह से लगाता है।

बोतल पटककर शिवाप्पा बौखलाकर बेबी की तरफ़ बढ़ता है। बेबी पीछे सरकती हुई दीवार से चिपककर खड़ी हो जाती है।

शिवाप्पा एकबारगी रुक जाता है। निस्तब्ध! बेबी को

धुत्त निगाह से देखता है। उसके भीतर लावा उबल रहा है, उसके उफान को रोकने की कोशिश करता है। आखिरकार दोनों हथेलियों में मुँह छिपा लेता है।]

शिवाप्पा : कुतिया...कुतिया *(भीतर से भर आता है।)* गंगाम्मा मर गयी अऊर साली ये झबरी कुतिया जिन्दी है। मेरी गंगाम्मा चली गयी। मेरे को चोड़के चली। चोड़के चली गयी मेरे को! जलके राक हो गयी। गंगाम्मा। आँक कवड़ी के मापक गंगाम्मा! साँस रुक गया। गंगाम्मा। मेरा बच्चे की माँ मर गयी। मेरा घर की लक्ष्मी मर गयी। मेरा सती-अम्मा...ईमान वाली...सब सैने वाली गंगाम्मा मेरे को चोड़के चली गयी...मैं कायको ज़िन्दा है... *(रोते-रोते हिचकियाँ बँध जाती हैं। तड़पकर चारपाई की पट्टी पर दनादन सिर पटकता है। धरती पर मुक्के मारता है। उसका शोकावेग असहनीय हो गया है।)*

बेबी : *(उसके पीछे जाकर खड़ी हो जाती है।)* शिवाप्पा, रो मती। भगवान जो चाहता है, वो होके ही रहता है। उसको कोई नहीं टाल सकता! रोने से क्या होगा? तुम्हारी औरत तो लौटके आयेगी नहीं, शिवाप्पा। ऐसा ही होता है। भला आदमी भगवान को प्यारा हो जाता है, और बुरा यहीं सड़ता रहता है। मेरी माँ भी ऐसे ही चल बसी थी। मैं खूब रोयी थी। पर क्या हुआ उससे? राघव को पागलखाने ले गये थे, तो मैंने अपने को समझाया कि अबके बिल्कुल नहीं रोऊँगी। मैं तो इतनी बड़ी दुनिया में एकदम अकेली थी। तुम तो बेटे वाले हो, शिवाप्पा! तुम मरद हो। कुछ दिन के बाद तुम भूल तक जाओगे अपनी औरत को!

[चारपाई की पाटी पर सिर टिकाये शिवाप्पा विकल बैठा है।]

बेबी : मैं क्या करूँ तुम्हारे लिए कि जी हलका हो तुम्हारा! पोज़ लूँ? तुम्हारे पाँव चाटूँ? कपड़े उतारूँ, शिवाप्पा? बोलो न तुम, क्या करूँ कि तुम्हारा दुख मिटे?

[कर्वे भीतर से झाँक रहा है। कुछ पल बाद सावधानी

से जरा आगे बढ़ता है। रुककर चोरों की तरह बाहर जाने लगता है। जाते-जाते कोई चीज़ गिराता है।]

बेबी : *(कर्वे को जाते हुए देखकर)* आप आराम से जाइए, कर्वे साहब! शिवाप्पा आपको कुछ नहीं कहेगा। आप आये तो ज़रूर, लेकिन आपकी सेवा करना मेरी किस्मत में नहीं बदा था। मुझे माफ़ कर दीजिए, कर्वे साहब! मेरी वजह से आपको तकलीफ़ हुई।

[कर्वे घबराया हुआ। जैसे-तैसे चलता हुआ राघव को पार कर अँधेरे में गायब हो जाता है।]

बेबी : शिवाप्पा, कैसी तबीयत है तुम्हारी? चारपाई पर लिटा दूँ? मैं तुम्हारा बदन छुऊँ तो खफा तो न होओगे? शिवाप्पा, मुझको चाहे गिरी हुई कह लो, मगर मुझसे किसी का दुखड़ा नहीं देखा जाता। लिटा दूँ क्या तुमको? सिर दबा दूँ?

[शिवाप्पा नशे से भरी गहरी साँस लेता है। सिर ज़ोर-ज़ोर से हिलाता है। चारों तरफ़ ऐसे देखता है जैसे अभी सोकर उठा है। बेबी की ओर भी देखता है।]

शिवाप्पा : *(नफरत से)* खजेली कुतिया साली! रण्डी स्साली! *(उठकर खड़ा हो जाता है।)* चले ज्जाव साली याँ से। मैं दिया ये गर तेरे को। ये सब कुछ मेरा है। ये कपड़ा मेरा है। तू निकल जा इदर से अब्बी-के-अब्बी। जाव्... *(भीतर की तरफ़ इशारा करके)* तुम उसके उदर! उस्केच उदर रओ। ज्जाव्...तुम इदर नई माँगता। ज्जाव् स्याला...!

[बेबी पर सन्नाटा छा जाता है।]

शिवाप्पा : अब्बी-के-अब्बी जाव्...।

बेबी : मैं कहाँ जाऊँ?

शिवाप्पा : जाव्, उसके उदर जाव्! वो है न तेरा...!

बेबी : तुम्हारे सिवा मेरा कोई नहीं है शिवाप्पा, इस वक्त!

शिवाप्पा : वो है न वो...सुव्वर स्साला...!

बेबी : उनको बेकार गाली मत दो। जो कहना है, मुझको कहो।

शिवाप्पा : फाड़ता ऊँ तेरे को बीच में से। निकल जा इदर से। अब्बी...अब्बी...!

बेबी : पर शिवाप्पा...!

शिवाप्पा : तू जाती है कि तेरी...खिटखिट नईं माँगता। ...बेईमान की औलाद स्साली...साला मैं तेरे को, और तू दुनिया-भर से लगेली है? मैं मोरी बनाया, और दुनिया उसमें मूतती है? आरे हड़...नईं माँगता! बाअर हो स्साला, अब्बी। दूसरी बात नईं। बाबी, तू बाअर। पयले तू बाअर जा। रुकेंगी तो मुण्डी पिचल देंगा मैं। स्साला टाँग चीर देंगा।

[बेबी लाचार। रोना आने को है, लेकिन रोती नहीं।]

शिवाप्पा : बाबी, मैं जाता। पन तू सुबेरे इदर देकना नई माँगता। इदर को एक पन बस्त गायब हुआ तो सच्ची बोलता मैं, जिदर पन होयेंगी तू, तेरे को पब्लिक में नंगा करके मारेगा। तू देका नईं अबी तक शिवाप्पा को। कुतिया स्साली! मालिक से बेईमानी करती? गंगाम्मा का गू तेरे से अच्चा! रण्डी स्साली...!

[धीरे-धीरे जाने लगता है। मगर उससे रहा नहीं जाता। मुड़कर बेबी के पास जाता है। कसकर उसके पेट में लात जमाता है। वह आघात न सह सकने के कारण लड़खड़ाती है। ज़मीन पर गिर पड़ती है। लोटती है, कराहती है।

शिवाप्पा किंचित सन्तोष से उसको देखता हुआ जाकिट ठीक करता हुआ बाहर चला जाता है।

अँधेरे में हाथ नचाता राघव उसे दिखाई नहीं पड़ता। राघव उसे जाते हुए देखता है। पागलों की तरह भीतर आता है।

असहनीय वेदना के कारण बेबी कराह रही है। हाथ से पेट दबाये हुए, घुटने मोड़कर पेट से चिपकाये हुए धरती पर पड़ी है। राघव का पागलपन बढ़ जाता है।]

राघव : *(उसी हालत में)* बेबे...बेबे...!

बेबी : *(ज़रा होश में आकर कराहते हुए)* राघव, मुझको घूँट-भर पानी दे, भाई...पानी दे, मुझको पानी दे...!

[बात राघव के ज़ेहन में उतरती है। वह अन्यमनस्कता के बावजूद भीतर जाकर पानी ले आता है। बेबी के मुँह में उड़ेलता है। अजीब पगलैंटी आवाज़ें मुँह से निकालता है।]

राघव : मारा...उसने मारा...!

बेबी : *(बड़ी मुश्किल से उठकर बैठने की कोशिश करके)* बहुत नहीं लगा, राघव! ठीक हो जायेगा। *(पेट दबाये हुए टिककर बैठ जाती है। अपार वेदना से)* ओ...म्मा...!

[राघव की पगलेंटी हरकतें बढ़ती जाती हैं। बेबी विकल अवस्था में बैठी है। अब उठे हुए घुटनों पर सिर टिका देती है। पागल राघव उसे थपकता है।]

राघव : सो जाओ...सो जाओ...!

बेबी : नहीं राघव, अब सोना नहीं है। यहाँ से बहुत सवेरे चल देना है।

[राघव पागल ही तरह कुछ बोलता है।]

वेबी : दिन निकलने से पहले जाना है।

[राघव दुबारा कुछ कहता है, अस्पष्ट।]

बेबी : कहाँ जाना है? भगवान भले आदमियों की फिकर करता है, राघव। दुनिया में जिसका कोई नहीं होता, उसकी भगवान ही रक्षा करता है। मैं बुरी औरत हूँ। मैंने बेईमानी की, मुझको भगवान माफ़ नहीं करेगा, राघव। मुझको सब भुगतना पड़ेगा। उजाला होने से पहले यहाँ से चले जाना है। कित्ते बजे हैं, राघव? रात कित्ती बाकी है? अब सो के नहीं चलेगा। सुबह से पहले चले जायेंगे हम लोग।

[राघव की पगलेंटी हरकतें।]

बेबी : राघव, क्या बजा है? *(कराहती है।)* रात खतम हो जायेगी। भूषण चन्दा, अब क्या होगा आगे?

[विकल क्षीण स्वर में कराहती बैठी है। उसके नज़दीक पागल राघव। वह अब पागलों की तरह हँसने लगा है। उसके हँसने की लहरें उठ रही हैं। उसके मुँह से लार बह रही है। हँसी बढ़ती जाती है। बेबी और भी विकल।]

(अन्धकार)

□□